董明珠传

营销女皇的倔强人生

韩笑 著

中国·武汉

图书在版编目(CIP)数据

董明珠传:营销女皇的倔强人生/韩笑著.—武汉:华中科技大学出版社,2017.3 (2023.3重印)
ISBN 978-7-5680-2310-8

Ⅰ.①董… Ⅱ.①韩… Ⅲ.①董明珠-传记 Ⅳ.①K825.38

中国版本图书馆 CIP 数据核字(2016)第 258785 号

董明珠传:营销女皇的倔强人生 韩 笑 著
Dongmingzhuzhuan:Yingxiao Nühuang de Juejiang Rensheng

策划编辑:韩　敏
责任编辑:林凤瑶
封面设计:刘红刚
摄 影 师:东方 IC
责任校对:刘　竣
责任监印:朱　玢
出版发行:华中科技大学出版社(中国·武汉)　　电话:(027)81321913
　　　　　武汉市东湖新技术开发区华工科技园　　邮编:430223
录　　排:华中科技大学惠友文印中心
印　　刷:湖北新华印务有限公司
开　　本:710mm×1000mm　1/16
印　　张:15.75
字　　数:225 千字
版　　次:2023 年 3 月第 1 版第 18 次印刷
定　　价:38.00 元

本书若有印装质量问题,请向出版社营销中心调换
全国免费服务热线:400-6679-118　竭诚为您服务
版权所有　侵权必究

PREFACE

序言

  董明珠是我国第一批优秀的女企业家之一,一直以来都是媒体关注的焦点。她加入格力后,从最基层的业务员做起,稳扎稳打,一步步登上了"销售女皇"宝座;临危受命,进入格力的管理层,成为奉行"我就是道理"的霸道总裁;在格力开疆辟土的同时,她频频出现在报纸、电视上,成为人们口中的"格力女神"。

  2016年,63岁的董明珠依然奋斗在格力一线,不但没有减少工作量,反而曝光更多。她大胆地与雷军打赌十亿,跟国美叫板,扬言造汽车……虽然外界都说她到了退休年龄,但看她所言所行,一点没有要停下来的意思。虽已不再年轻,但她仍然有一颗不服输、敢折腾的心。

  董明珠一直奉行"工业精神",踏实做事、踏实做产品,不急不躁、用产品说话,这与现在很多人急功近利、焦躁冒进的做事态度形成了鲜明对比。这本书的写作原因,一是想向读者呈现一个真实、完整的董明珠,讲一讲她和格力的故事;二是想通过董明珠的从业经历,给迷茫的年轻人一些启发,究竟什么才是你在职场上所需要的,什么才是你该坚持的,物欲横流,守得住真心才能拨开迷雾。

  董明珠曾出版过一本自传,讲的是自己早年与格力的故事。后来,陆续有人出版过关于她的传记,但无一例外都只关注于她与朱江洪合作经营格力之事,对于她的个人生活和独自领导格力的经历着墨不多,这也是本书区别于其他"董明珠传记"的地方。能够完整地呈现出一个女企业家的风雨心路，是笔者的荣幸。

笔者因为工作的关系接触过很多商界人士，他们似乎有着同样的一张面孔：笑容满面的背后是虚伪的客套，交流时的微笑隐藏的却是不屑。但董明珠却并非如此，无论在台上还是在台下，她都直言不讳，敢作敢为。在进行讲座面对学生之时，只要是他们问的，她都坦诚相告，这也是她深受学生喜爱的原因。

本书以事实为基础，辅以她的真知灼见，揭开她不为人知的一面。书中不仅提到了她多年来经营格力所获得的成就和她作为企业领导人的内心感受，同时也阐述了她作为一个独立个体的人的取舍与责任，更有为数不多直击内心的心灵独白。她成为一种证明，证明女性不是弱者，她们可以选择不依靠男性独立的生活；也证明一个小厂只要做到为消费者着想，就有成功的希望；她同样证明了"中国创造"的魅力！

格力，这个连续几年在全世界范围内空调销量领先的企业，用实力和业绩证明着自己。这是格力人一同创造的"史诗"，这也是一个女人创造的神话。董明珠像是一只不知疲倦的鸟，早起晚归，为雏鸟领航。

希望读者能通过她的经历，有自己的思考，相信这也是她所愿看到的。榜样的力量是无穷的，但你首先要有起飞的姿态。

目录

第一章　天生倔强 / 1
- 董家"倔姑娘" / 1
- 叛逆少女的自我修养 / 6
- 突遭变故,没时间悲伤 / 11
- 撞上南墙不回头 / 15
- 董明珠的"牛刀" / 19

第二章　走南闯北,开疆辟土 / 23
- 三场硬仗 / 23
- "我说的就是道理" / 28
- 对"大户"的"巧取豪夺" / 33
- 铜陵市场之战,最难最苦 / 37
- 安徽进行时 / 42

第三章　敢想,敢拼:我就是董明珠 / 47
- 巧遇伯乐,朱江洪的知遇之恩 / 47
- 正骨重造,格力新生 / 52
- 市场:不靠价格靠才情 / 56
- 和南京有个约会 / 60

◎ 哪里有董明珠，哪里就有业绩 / 65

第四章　做自己认为对的 / 69
◎ 临危受命，不忘初衷 / 69
◎ 难缠的"债" / 74
◎ 下狠心，搞改革 / 78
◎ 只讲规矩，不讲情面 / 82
◎ 救火队员——董明珠 / 86
◎ 不看价格，只重品质 / 89
◎ 格力空调，创造良机 / 92

第五章　破坏欲：格力的战场 / 97
◎ 浴火而飞，格力上市 / 97
◎ 渠道之战赢天下——格力专卖模式 / 102
◎ 环保空调：一个利己利人的创造 / 106
◎ 为"没有售后"而战 / 109
◎ 六年保修：顾客真的是上帝 / 113
◎ 冲进世界 500 强 / 117

第六章　以长补短的经营之道 / 123
◎ 改制：格力模式 / 123
◎ 世界舞台上的格力 / 128
◎ 积少成多，开启低耗时代 / 132
◎ 格力——员工的康乐园 / 136
◎ 格力的取财之道 / 141
◎ "野蛮"式投资 / 145

第七章　除旧布新，走另一条路 / 149
◎ "全民"代言 / 149

◎ 空调变革时代 / 153
◎ 格力的"工业精神" / 157
◎ 责任、创新、影响力、推动力 / 161
◎ 品牌就是成就 / 165

第八章　女儿本色：销售女皇的另一面 / 169
◎ 柔性：与儿子的点滴 / 169
◎ 刚柔并济 / 174
◎ 和而不同 / 177
◎ 回馈：成为一个有良知的企业人 / 181
◎ 我就是我！/ 185

第九章　永远在路上 / 189
◎ 用质量征服市场 / 189
◎ 携手国美 / 194
◎ 格力的手机时代 / 197
◎ 进军汽车领域 / 201
◎ 一只电饭煲的市场经 / 206
◎ "董小姐＋"直播 / 210

第十章　镜头下的董明珠 / 215
◎ 站在风口的女人 / 215
◎ "桃花过处，寸草不生" / 220
◎ 与雷军的"十亿赌约" / 224
◎ 鲁豫有"约"董明珠 / 228
◎ 三观之"董"见 / 232
◎ 时更世易，董明珠的选择 / 236
◎ "十亿赌约"胜负分晓 / 240

Chapter 1 第一章 天生倔强

◎ 董家"倔姑娘"

南京这座城市一直都在上演着传奇,董明珠也是这座城市的传奇之一。一个失去丈夫的女人,面对独立抚养孩子的重担,前路茫茫,似乎哪里都没有希望,但如果你认为她会被生活压垮,那便想错了。董明珠是个骨头像铁一样刚硬的女子,这样的性格,在她小的时候就显露了出来。

1954年8月,一声啼哭打破了董家的安宁,董家的第七个孩子出生了,这个小女孩一出生就被父母视为掌上明珠,因此父母给她取了个名字——董明珠。

实际上,她的到来并没有为董家带来多少欢乐,反而增添了一些负担。董明珠的父母都是普通的工薪阶层,七个孩子对于他们来说是个巨大的负担,董明珠就是在父母的"嫌弃"下长大的——或许他们也想不到眼前的"明珠"与他们的设想大相径庭。

幼时的董明珠就像个假小子,除了偶尔碰碰布偶这类女孩子专属的东西,她大多数时候都跟街上的男孩子玩在一起,打打闹闹、上房揭瓦、下河摸鱼,完全没有女孩子的矜持模样。父母担心她长大变成假小子,循循善诱地教导她什么是女孩子该做的,什么是女孩子不该做的。慢慢地,在父母、姐姐们的影响下,董明珠也变得淑女了,但她跟普通的小女孩还是迥然不同。

到了入学的年龄,董明珠脑袋里装的东西也越来越多,她总是提出一些大人们都难以回答的问题。在一次课堂上,她举手问老师:"为什么这样不行?"老师并没有直接回答,而是说:"这是规定。"这件事在董明珠心中留下了深刻的印象,此后她很少再提出类似的问题,而是用自己的小脑袋瓜去想。

时光荏苒,董明珠出落成了大姑娘,对凡事都有了自己的思考,也对周边的环境有了新的认识。有一天她对母亲说:"这南京城显得太老旧了,应该给它打扮打扮,让它新鲜新鲜。"母亲没有理会她,只是说:"这事是大人们的事,用不着小孩操心,你个女孩家,将来懂得相夫教子就行了。"

她不服气地对母亲抱怨:"这事为啥是男人们的事?女人就不能想,不能做吗?"

母亲说:"你还小,等长大了就明白了。"

虽然当时她不明白母亲的话,但是这些话一直记在她的心里。后来,她成为格力的主管,便把女性的工作地位扶上了一个台阶,也始终把变革、创新作为格力的头等大事。她用自己的行动告诉世人:有些事情,不只男人能做,女人也一样能做!

第一章　天生倔强

董明珠是个十分要强的女子,无论是在她的学生时代,还是在她事业有成之时,她都始终保持着优秀。后来她经常说,在她上学的时候,从来没挨过老师的批评,什么事情都想争第一,没有因为犯错而把家长找到学校。对所学的课程也是如此,她没有偏科,每一门课都能很好地理解和掌握。

"每个学期,我都会把一张优秀的成绩单交到我父母的手中。"即便是现在事业有成的董明珠,谈起年少时光也是满脸笑容。

事实如此,那时董明珠作为家里的第七个孩子,在学习上从未让父母操过心。她回忆自己的学生生涯时说:"我写作业,没撕过纸,作业本上几乎没出现过错误。老师们总是把我的作业本当成范本让同学们学习。越是向我学习,我做起作业来越是认真,作业完成得就越好。"

良好的学习习惯,让董明珠在获取知识时总是事半功倍,也让她有了更多开阔视野的时间。提到学习这件事,董明珠有自己的方法——据她介绍,她一般都在上学的时间里看书,放学以后,是绝不碰书本的。她认为学会了的知识,再去看,再去复习,就是浪费时间。放学后,她更愿意像个假小子一样,去打球和爬山,而不愿意坐在那里继续看书。"我觉得,只要学习成绩能让老师和父母满意,就没必要整天盯着书本看。"

不用说,董明珠从小就是那个"别人家的孩子",功课好又让父母省心,但这并没有让她平庸,而是让她有了更多独立思考的空间。

从小就与众不同、敢想敢做的董明珠,在同龄的孩子中显得很出众,也为父母挣得了脸面。如果说这时的她让父母十分欣慰,那么,日后她成为中国家电的领军人物时,她的父母则是骄傲的——这个小女儿的成就,让中国亿万家庭过得更加"舒适"。

董明珠在学习方面十分出彩,父母在家庭教育上也从不松懈。那会儿家里孩子多,董明珠的父母却能面面俱到,这实在不易。坦承地讲,董明珠家里并不算富裕,但她的父母很注重保持孩子们的体面,就算衣服有补丁,也不穿在外面,而是穿在里面,做事情是这样,做人也是这样,要有"十足"

3

的面子。后来她说:"我的父母,非常注意我们的言行,一直教导我们说话办事要诚实,绝对不能骗人,不能撒谎。"

良好的家庭教育,让董明珠具备了优良的秉性,这也让她在日后的工作中有了比其他人出色的可能。在加入格力之后,她凭借一己之力,让格力绽放生机。若是其他人,也许早就志得意满,开始消耗自己的名声了,但董明珠这个"倔姑娘",却仍然精耕细作,朝着自己认为对的方向一路狂奔。

在格力形势大好之时,董明珠也开始对亲人、朋友提出越来越多的要求。

通过几年的奋斗,格力声名鹊起,成为炙手可热的品牌。正值格力在全国范围内扩张之时,很多人想起了董明珠,想走走后门。

一天,董明珠的哥哥姐姐从南京坐火车来找她,刚开始只是闲话家常,说说父母、谈谈东东(董明珠的儿子)的事。慢慢地,董明珠意识到他们来的目的没有这么单纯,他们想要的是区域代理的资格。董明珠很为难,一方面是亲兄妹,东东也多亏了他们的照顾,一方面是自己的工作,怎么办?思来想去,董明珠还是咬牙拒绝了。

与哥哥姐姐不欢而散后,董明珠就接到了父母的电话,父母劝她别太较真,可以适当地帮帮她哥哥,他对东东一直都不错,兄弟姐妹间不要互相为难。电话里董明珠丝毫没有松口,她只是反复劝说父母,毕竟单位不是她一个人的,自己没有那么大的权力,如果人人都走后门,公司就垮了。

虽然道理如此,但家人并没有理解她。哥哥姐姐对她恶语相向,说她翅膀硬了就不管别人了,一点人情味都没有,本来不是什么大事还往公司上扯,根本就是不想帮忙。就连父母也不理解她,一时之间家庭氛围异常紧张。

这件事持续了很长时间,最后以董明珠的坚持,父母、兄弟姐妹的妥协结束。那一段时间,大家见面还是会比较尴尬。而今谈起那段往事,董明珠直言自己有些对不住亲友,可她并不觉得自己做错了。

第一章 天生倔强

董明珠在格力的日子里,发生过太多类似的事情,很多人说董明珠矫情,这也不是什么大事,能帮一把是一把,就算那么做了,格力一样会有今天的成绩。也有人说董明珠做得对,规则之下无亲情,企业要想发展就得铁面无私。

董明珠之所以这么做,是因为她心中的坚持和她的"倔脾气"。格力发展至今,靠的是技术和产品,同样也靠着董明珠的原则。无规矩不成方圆,她笃信只有坚持原则,不靠关系、不靠情感维系的企业,才能真正发展成为世界强者,才有资格和那些优秀企业一决高下!

20多年间,无数的人托关系走后门找到董明珠,但得到的答案都是一样的。规矩约束之下的格力比其他公司少了些人情味,但却多了些成功的机会,这背后少不了董明珠的倔强。这个"倔姑娘",带着一股子倔劲儿越过高山,跨过激流,向世人呈现着一个最具个性的自我。

◎ 叛逆少女的自我修养

有人说,董明珠的"倔",成就了格力今天的"牛"。诚然,学生时代的她虽然没有被老师找过家长,功课也好,但这不意味着她不倔,不叛逆。只是她的叛逆多在课下时光,并且她在叛逆的道路上越走越"远"。

董明珠的"好学生"形象一直维持到上初中,初中时,她想学习游泳和骑自行车,但是父母极力反对,一是因为家里日子过得拮据,没有余钱;二是因为他们认为一个小女孩学些安全的特长更合适,不要接触有危险的事情。这事若是在以前,董明珠只会噘着嘴不开心,但这次她却不肯让步。父母看到她这次态度如此坚决,争执不下,只好让步。

学习游泳和骑自行车,是董明珠年少时为数不多的"抗争"行为,也是她叛逆成长的见证。

当时学习游泳的过程,董明珠除了怀念,还有些后怕。她直言第一次学习游泳的经历并不愉快,甚至很危险。为了能够学好游泳,她找的老师是一位身经百战的游泳健将,横渡长江都不在话下。这位教练不但业务水平高,还是个好老师,跟着他学习游泳的孩子都爱上了游泳,学生们也都跟他一样,一见到水就兴奋。

可凡事都有个例外,这次意外就发生在董明珠身上了。

一天,她跟着老师来到池塘边,老师给了她一根竹竿撑在水里站着,老师下水示范性地游了一圈再教她。因为过分注意老师的动作,董明珠在第一次下水后一不留神掉到了池塘里。她很害怕被淹死,拼命地喊救命,可是越着急,往水下沉得越厉害,一连呛了好几口水。当时她甚至以为自己要被淹死了,再也见不到父母了。

好在没有发生什么危险,经历过这次意外,同学们都认为她不会再学游泳了,可到了第二天,她还是带着自己的泳衣来到池塘边找老师报到。

很多人都很疑惑,连老师也问她为什么还来,她梗着脖子,执拗地解释:一般人都会有"一朝被蛇咬,十年怕井绳"的心理,但是她不想半途而废,她想克服怕水的心理。落水当天回家后,她没有告诉父母自己溺水了,害怕他们挡着自己去学游泳。第二天,她按时赶到池塘边,默默地告诉自己就算呛水也没关系,一定要克服恐惧。她甚至发誓:一定要尽快学会游泳,让别人看看。没过几天,带着坚定的心,董明珠真的学会游泳了。从此之后,她遇到问题就想着怎么处理,而不是绕过去。

董明珠的做法很像国外家长对子女的教育方法:让孩子直面自己的恐惧。正是这种方式,让她变得与众不同,慢慢地被贴上了叛逆的标签,同时这也成为她日后主持公司工作的原则。

现在的董明珠,一有空闲就喜欢到水里泡泡,她说自己从游泳的体验中学会了很多,一个是总结,一个是思考。她甚至很佩服当年的自己,小小年纪无所畏惧,如果是现在,她可能不会那样莽撞了。

董明珠游泳还有个特点:不与比自己会游泳的人一起。"与最会游泳的人在一起,会让我感到差距太大,不会产生成就感,也不会拥有胜利的喜悦。我还告诉自己,要把会游泳当成一种必备的本领。自己掌握的本领多,至少说明自己的智商高、悟性强,会增强自己做事的自信心。直到现在做董事长兼总裁,我时时用在学习游泳时所得出的思考来警醒自己。"

如果说学游泳教会董明珠克服困难,那么学骑自行车则教会了她"东山再起"。

学习游泳虽然没有得到父母的支持,但好歹还是同意了,但学骑自行车就没有那么幸运了。谈起学骑自行车的事,董明珠都会显得很兴奋,因为那是一次"完全的叛逆经历",一切都是偷摸着进行的。

当时董明珠与父亲说了想学骑自行车的事,但是父亲怕她遇到危险,摔坏身体,于是不让她学。父母不支持,她只能偷偷地学。每次父母一出门,她就推着家里的那辆破自行车出门,等父母回来之前再偷偷地把自行车放回去。

和所有孩子一样,第一次骑上自行车的董明珠面对的就是摔倒。在无数次的摔倒后,她渐渐地可以不摔倒了,又慢慢地可以直行了,觉得自己差不多了,她就开始"上路"。

这一天,她和平时一样,趁着父母不在家,独自推着车出门了。正当她自我感觉良好的时候,一辆黄色的公交车迎面驶来,吓得她一身冷汗。她一时慌了神,不知道该怎么办,只知道往前骑,完全忘记了刹车,慌乱中又摔倒了。其实她当时只是害怕了,公交车在离她还有几米远的地方就已经停稳了,她完全没有危险。

公交车开走后,她开始生自己的闷气了:"我为什么会心慌?我为什么要往后仰?我为什么会掉下来?我一定要学会熟练地骑自行车。"这样的信念一直支撑着她,没过多久,她就能熟练地骑自行车了,再也没有摔倒过。

董明珠骑自行车,并未因后来担任格力董事长就搁下,闲暇时她经常和孙子一起骑自行车去户外,一来可以多做些户外运动,陪伴孩子,二来可以通过这种独特的方式教会孩子如何在生活中学习,如何面对困境。

在亲戚朋友的眼中,董明珠是从学游泳和学骑自行车这两件事情上开始变得叛逆的,这两段经历,也让她冠上了"假小子"的称号。每当提起这段往事时,她总是说:"也许我就是这么一个人,不像别人那样失败了就失败了。对于失败了的事,我是一定会重新尝试的,一定要把失败变为成功。

我的骨子里,就有那种倔强和自强的韧劲,做一件事,不做成功我是绝不罢休的。"

在一次大学的演讲中,董明珠又提起这段经历,她直言没有跌倒就没有爬起来,没有爬起来就没有经历,没有经历还拿什么去跟别人拼?

在这场听众爆满的演讲中,董明珠将自己的年少经历和这么多年企业管理的经验和盘托出,毫无保留。在之后的记者采访中有人问道:"为何与这些不懂世事的学生谈这么多?"董明珠表示,她也不晓得自己讲的这些学生们能听懂多少,能去思考多少,但是哪怕只有一个人,能像她这么"叛逆",中国的企业就多了一份希望。

董明珠的倾情奉献也得到了回报。几年之后,她收到了一封信,当年课堂上的一名学生以创业者的身份谈到了当时得到的那份鼓励,并坦言自己这些年来的问题和自己取得的成绩。在信的末尾,这位创业者再次感谢董明珠当年的教导,说如果不是董明珠当时在课堂上的那些话,自己不会有今天。

这件事给董明珠的启发和感触良多,从那以后,每到一个可以帮助他人的场合,她都试图鼓励别人抓住机会、解放天性。

在越来越繁忙的工作中,董明珠还是会抽出时间,到校园里去走一走,全国各个省份的许多高等院校中都曾出现过她的身影,一个个子不高、神采奕奕、话语铿锵有力的女性鼓舞着学生们去干自己想干的事,不要害怕失败。

有人不理解她,甚至还用这类事情攻击她,说她教唆别人,鼓吹自己的价值观。面对质疑,她只说了一句话:"我没做过教唆别人的事情,只是希望他们能够有人支持,清者自清,你们以后会懂。"

简简单单,没有辩解。时至今日,董明珠依然是"叛逆"的,从那个叛逆的小姑娘长成了叛逆的大姐。她的叛逆在生活中无伤大雅,但在工作中,难题就来了。她既不能一口否决他人,又不能完全遵照别人的方法处理事情,刚刚加入格力的那段时间是她工作乃至人生中最困难的时期。

在多次的"强硬"态度下,在多次的"叛逆"下,员工们也渐渐摸透了董明珠的行事作风,很多事情也就迎刃而解了,她也养成了坚持己见的工作作风,甚至还口出豪言:"我说的就是对的。"

董明珠的少年时代,是在游泳和骑自行车中度过的,其中有很多跟普通人一样的热血往事、丢人糗事,但不得不承认,她那种倔强不服输的性子并不是每个人都有的,也许正是这种天生的倔强成就了她。

第一章 天生倔强

◎ 突遭变故，没时间悲伤

带着叛逆，董明珠走过了她的青春期，之后与常人一样结婚生子，走进职场。当时，她就职于位于南京的一家化工研究所，虽然平日里工作很枯燥，但她和丈夫爱的结晶——东东的到来，给他们平淡的家庭生活增添了乐趣。

可是好日子还没过多久，在东东两岁之际，董明珠30岁之时，意外发生了。

1984年，一场突如其来的大病夺走了董明珠丈夫的生命，两家人顿时陷入悲痛惋惜之中，可留给董明珠悲伤的时间却不多，家里的顶梁柱倒了，她得担起担子，一想到儿子东东，她也有些发愁。当时她的工资不高，又要养家，又要还欠下的医药费，日子苦得很。

董明珠的父母和公公婆婆都是普通的工薪阶层，勉强能养活自己，可因为刚刚给女婿、儿子看完病，积蓄花尽，还欠了一些外债，是没有能力帮扶董明珠和东东的。

那个时候的董明珠，是在苦水里过活的。她的工资对于捉襟见肘的日子来说，实在是杯水车薪，而未来的路还很长。她思虑了很久，觉得应该有所改变。这样的想法，在她的脑子里盘桓了六年之久，她想外出打拼。当她把这个想法告诉家人后，却没有得到支持。

父母和哥哥姐姐都来劝她,说东东有多苦,两岁没了爸爸,眼下又要离开妈妈。这些都是董明珠心知肚明的,她也舍不得儿子,可骨子里带着倔劲儿的她仍决心去闯,等稳定之后再接儿子过去。家人几次劝说无果,只得遂了董明珠的意。

董明珠原来虽然有些叛逆,但并不会如此强硬,是生活给了她更大的勇气。江南女子大多温婉,可董明珠身上全然没有这样的气质,她仿佛要挣脱这个生她养她的城市,创出一个新的世界。

其实,在父母和哥哥姐姐的眼里,董明珠完全不必过得那么辛苦。丈夫不幸离开了,但生活还是要继续,她理应再找一个人嫁了,带着东东过衣食无忧的生活,何苦那么劳累?

董明珠没有这种想法,丈夫的突然离世更让她明白了一个道理"靠谁都不如靠自己!",她和东东需要钱。

这是一个很现实的问题,没有钱就没办法让东东过好的生活。抱着这个信念,董明珠没有悲伤的时间,她把东东托付给家人照看,决定自己出去闯一闯。

是年,董明珠36岁了,已过而立之年,按理说什么决定都应慎重,可她就是无心安稳,不服输。

20世纪90年代,无数年轻人背起行囊,告别家人,怀揣仅有的积蓄和梦想投入商海浪潮中,董明珠也是其中一人。她先到了深圳,但"深圳速度"似乎让她摸不着头脑,也并不适合当时的她。随后她来到珠海,这座宁静的城市很合她的心意,她自信可以在这里找到一份足以养家的工作。是年,董明珠进入格力,此后直至今日再未离开。

有人说,是格力成就了董明珠,但一位如此果敢笃行的女性换个战场,也一样会成绩斐然。非要说是谁成就了她,相信应该是她的丈夫,是她生活中的不幸。她说:"如果不是这件事,我不会走现在这条路。如果他在,也不会同意我来珠海。和大多数女性不一样,我从小就有做一点事业的

第一章 天生倔强

追求!"

那时的中国大地,并没有多少人关注董明珠的坚韧和悲伤,市场经济形势一片大好,一时间涌现出无数的行业,无数的销售岗位,这对于董明珠来说既是机遇也是挑战,但她就是不怕挑战。

后来,她曾这样解释当时自己的举动:"既然已经来了,有这个机会,为何不挑战一下自己呢?"敢于挑战的董明珠在千挑万选之后,加入了格力公司,当时的格力还未改名,叫"国营珠海海利空调器厂",只是一个国营小厂。

刚到格力时,董明珠除了不适应还是不适应,有对孩子的挂念,还有对业务的不熟练。销售对她来说还是个陌生的行当,但她并不服软。工作中一旦遇到棘手的事情,她往往更能调动"较真儿"的性格,积极应对。勤勉的她,往往会把领导要求三天完成的工作一天做完,而后用剩下的两天时间调整,力求做到更好。

带着这种性格和执念,董明珠很快在工作上做出了成绩。销售主要看市场,谁拥有的市场份额大,谁就是老大。董明珠了解了这点之后,开始想方设法地扩大格力空调的市场份额,这种劲头,也奠定了她日后成为"销售女皇"的基础。

慢慢地,董明珠在工作上呈现出了"女强人"的一面,不过,再坚韧的女性也是柔弱的,面对孩子时,她母性的光辉还是毫无保留地展现了出来。

到珠海工作后,董明珠很少有时间陪伴东东。一次回家看东东,到了晚上东东抱着她的脖子不松手,生怕妈妈再跑了。东东姥姥也劝他说妈妈不会走,但仍然不管用。最后,还是董明珠真诚地对东东说:"妈妈不走,一会就去陪你",东东这才麻利地上床睡觉。东东更大了些后,稍微能够体谅她的艰辛,可这让董明珠更心疼。

一次,董明珠看完东东,已经走出家门了才想起有东西忘了拿。回到家打开东东的房门,发现他把自己窝在被子里,董明珠好奇地掀开被子一看，发现东东哭成了泪人。一刹那，董明珠所有的坚强崩塌，她一把抱住东东，愧疚难当。东东担心妈妈因为自己耽搁工作，反过来安慰她，让她去工作。董明珠看着懂事的儿子，心里五味杂陈。

时至今日，董明珠对早已长大成人、成家立业的东东的要求也没有放松，她就像普通的母亲一样，担心儿子家里的各种琐事，商场中的雷厉风行早已不见踪迹。每次谈起儿子，董明珠总会流露出她难得一见的柔软。

回归工作的董明珠，为了儿子，为了家庭，为了死去的丈夫，已经没有时间再伤感，只得擦干眼泪继续上路。

在珠海打拼的那段时光，董明珠改变了很多，面对自己的不足，她总是想尽办法去改变，在单位，她也总是最后一个下班的，需要跑腿时也是跑得最勤的。

她也渐渐开始从喜欢家庭生活，变得更喜欢把自己的时间和精力投入工作之中。当然，工作忘我的她仍然"有血有肉，有汗有泪"，毕竟她是一个女人。

第一章 天生倔强

◎ 撞上南墙不回头

董明珠进入格力时,格力还没有现在这样辉煌,只是一家由20多个业务员组成的国营空调厂,年产值只有2000万~3000万,平均下来,每个业务员一年有100万的销售任务,虽然数字不大,但对一无名气,二无规模的格力来说,想要顺利完成任务也不简单。

董明珠进入格力后,从零起步,所经历的坎坷不可计数。但她是个不达目的不罢休的人,这样的性格,也就决定了她比旁人要遭遇更多磨难。这期间,最让她记忆犹新的是一次出差。那时,她被分配跑北京和东北地区的市场,由一位老师傅带着她。面对未知的销售生活,她内心却充满了期待。

可是没过多久,她就没了这份期待。

那次出差让董明珠第一次感受到了销售人员的艰辛。她独自一人乘坐火车赶去和老师傅汇合。火车上乌烟瘴气,各种气味混杂,这着实让干净惯了的她无法忍受。她甚至为了形象一天没有吃饭。

如果是现在,董明珠自然会豪爽地说:"真到了这个份上,也不会让自己饿肚子,没有力气怎么干销售。"可当时的她,内心还是纯粹的"女性心态"。

董明珠坐了一整天的火车,老师傅接到她的时候,她已经又饿又累,马上就要晕过去了,老师傅见状,赶忙帮她找了一个旅店休息,在前台办理登记入住之时,她连笔都拿不住了,直说"我不行了,请帮我填一下"。刚一说完,她就晕了过去,摔倒在地上。

同行的几个人赶紧把她扶起来,搀她回房间好好休息。第二天,她醒来后只感觉到摔到的地方钻心的疼,没想到刚到地方就出现特殊情况。老师傅让她在旅店多休息两天再工作,她却坚持爬起来,下床走了两步,虽然一瘸一拐的,但还对老师傅说:"你看,我没什么事,咱们今天就去谈业务吧,别耽误行程。"

几番劝说也没有用,老师傅只好点头答应,一来老师傅拗不过她,二来还真怕耽误了工作。

当时,北京有个制冷展示厅,负责展示、售卖空调。这样的展示厅在全国范围内也不多见,因此众多国内国外品牌云集。在这种情况下,如何说服负责人展示格力空调,就是一门技术活了。

刚开始时,老师傅和负责人天南海北,相谈甚欢,好说歹说,负责人答应展示格力空调了,但是老师傅不甘心,一心想要多签下一些,负责人这边便开始拿架子了,颐指气使的模样让董明珠很反感,但她并没有表现出来,而是在一旁用心记下了老师傅说的话。

时至今日,董明珠仍能记起那人的嘴脸,她曾模仿那人一脸不屑的神情和话语:"你们格力一般般,但是质量没有问题,放在我们的展示厅里,准能给你们卖出去,搁这里代销吧。"

对这些话,当时的董明珠心里火大,却又无可奈何。而老师傅的表现,则让她看到了另一缕曙光。她看到老师傅心平气和,丝毫没有乱了阵脚。老师傅对她的教导,也是她日后的销售理念形成的基础。

她首先学到的就是:顾客是最好的老师,同行是最好的榜样,市场是最好的学堂。要想获得成功,纸上谈兵是不行的,一定要多去市场转转,多看看,多想想。再者,不要自负行事,不懂之时取众人之长,才能长于众人。

第一章 天生倔强

销售是信心的传递、情绪的转移、体力的说服,而谈判是决心的较量,最后的成交是意志力的体现。

无论何时,她都用这些激励自己,坚信一定能多卖一点,再多卖一点!

北京的行程结束了,董明珠和老师傅赶紧赶往下一个目的地——东北地区。到了目的地之后,董明珠和老师傅继续忙着跟各个商场联系,此时正值空调销售旺季,他们也希望借此机会多卖出一些。

去了几个城市后,他们来到了辽宁沈阳。这天,忙完销售,董明珠的身体出了状况,老师傅便带她去了一趟医院。医生简单检查完,就让她去拍片子。片子取回后,所有人,包括医生都震惊了,董明珠竟然骨裂了!她的伤在臀部,不方便打绷带,只能静养。

医生询问造成骨裂的缘由,董明珠只说出早先与老师傅汇合,自己又饿又累,就一下子晕倒了,老师傅也说她晕倒后便急忙扶起她,却不知居然摔得这么严重。医生简单处理完,开了些药,嘱咐了一些注意事项,他们便回了宾馆。

老师傅人很好,见董明珠受伤较重,便说以后市场由他去跑,业绩与分成不变,让董明珠安心静养。

董明珠自然晓得这是老师傅照顾她,可她这样的倔强女性,怎能"无功受禄"?她对老师傅说:"我既然来了,这几天都挺过去了,不差再多几天,没事的,我还想跟师傅多学两招呢!"

欲戴王冠,必承其重,倔强又坚强的董明珠,擎住了命运施加给她的重压。

为了销售任务,董明珠咬紧牙关,继续跟着老师傅跑市场,全然没有把自己当成病号。老师傅见董明珠这般有骨气、肯吃苦,十分欣赏她的敬业态度,把自己的销售本事全盘托出,等于收了董明珠做"关门弟子"。老师傅传授的经验,让董明珠在日后的销售工作中少走了很多弯路。

这次北京、东北之行,老师傅和董明珠两个人共完成了300多万的销售任务，大大超出了公司的销售指标。不仅如此，董明珠还"偷偷学艺"，不仅了解到格力空调的产品性能，还懂得了空调安装、维修等知识。这些知识看似杂乱无用，实际上却是一个销售人员的必备法宝。试想，如果连一些基本问题都搞不清楚，在跟顾客交谈的时候，怎么能卖出空调呢？

在病痛和收获中，董明珠和老师傅踏上了归程，由于董明珠的伤势，两人便乘坐卧铺返回。

第一次出差，董明珠最多的感受是艰辛，有身体上的，也有心理上的。她第一次如此近距离地观察各种旅客，与他们聊天谈心，了解到了大众群体的群相，也知道了销售的本质。

从纸上谈兵到亲身实践，她所用的时间并不算长，个中滋味虽然不愿再尝，但收获却是喜人的。至今，格力内部仍然延续着这种负责人亲自销售、了解销售的传统。

对于销售，在大大小小的会议上，董明珠曾下过她独树一帜的"董氏定义"："销售等于收入，这个世界上所有的成功都是销售的成功，当你学会了销售和收钱的本领时，你想穷都穷不了。"

对于销售人员，她有一段有名的"刺激宣言"："没有卖不出的产品，只有卖不出产品的人；没有劈不开的柴，只是斧头不够快；不是市场不景气，只是脑袋不争气。"

对于销售业绩，她一样有真知灼见："做业绩千万不要小看每个月的最后几天，这好比是3000米长跑，当你跑完2700米时，最后的300米尤为重要，最后几天是最容易创造奇迹的时刻。"

俗话说，不撞南墙不回头，可董明珠是"撞了南墙也未必回头"，肯干、能干、善干的她，从最初选择了坚持开始，从未打算放弃。这，是董明珠的"道"。

第一章 天生倔强

◎ 董明珠的"牛刀"

初到珠海,初到格力,董明珠做的是公司最基础的销售人员,跟着老师傅去北京和东北跑了一大圈,经验学了不少,世面见得还算广,可这一切都还没来得及消化,她就接到了上级的命令——到安徽市场,有紧急任务。在未抵达安徽之前,董明珠从没想到这个紧急任务是让她一个入职不久的业务员去要账。

当时,格力在安徽市场还有些销售任务,但首要任务则是要账。关于董明珠这个时期的经历,日后很多媒体都如数家珍:"董明珠锲而不舍天天去找那位经销商,经销商摆出一副爱理不理的样子。直到下班时,董明珠站起身,一个人回到旅馆。再后来,那位经销商干脆避而不见,这更激起了董明珠的犟脾气,天天去'堵',终于有一天把他堵在办公室,并大叫'你要么还钱,要么退货。否则从现在开始,你走到哪里我跟到哪里!'"

三言两语,虽然道出了董明珠非凡的要账"才华",却也显得过于简单了。实际上,董明珠要账的过程比记者们描述的艰辛得多。对于一个刚刚了解销售的人来说,要账就好比人还不会走就先跑。那么,董明珠究竟是怎么"跑"起来的呢?

安徽是中国的一个人口大省,但是当时当地的经济状况不是很好,很多民营企业都欠了一屁股账,能拖则拖。这倒并非是有意为之,实在是无计可施。一般这个时候，很多销售人员都喜欢在饭桌上谈感情、谈生意。这也使得销售人员除了必备的销售技能，还得有额外的看家本领。

董明珠对这种形式的业务交易深恶痛绝，她认为这根本不是在谈业务，销售要靠产品质量和价格的优势，而不是靠吃饭聊天。但她一个人的能力毕竟有限，遇上这种情况，她只得一推再推，若实在推不掉，在饭桌上也就用只喝水的方式表明自己的态度。

当时，董明珠面对的是一个拖账的老手，她没有请对方吃饭唱歌，而是直接登门拜访。对方是一家规模不小的电子公司，里面的工作人员也穿得光鲜亮丽，根本不像是没钱的主儿。

心怀期翼的董明珠见到了这家公司的老总，递上名片，对方先开了口，说跟格力的确有业务往来，可他并不认识董明珠。

董明珠耐心解释说，原本负责对接的人走了，她初来乍到，并不熟悉早前的业务情况。而为了双方合作愉快，希望能对对账，把前面的欠款结清，也为日后的合作开一个好头。董明珠的话句句在理，也很有诚意。

不过，对方根本不予理睬，说："对什么账目？我代销人家几百万、上千万的产品，压在库房里，也没谁敢说要对账，看你也是个新手，以前做过生意吗？我告诉你，做生意就是这么一回事，你给我一批货，卖完了我付给你钱，就这么简单，有什么账好对的？"

董明珠第一次遇到这么无赖的人，不但不付钱，居然连退货的要求都拒绝，一时间，她还真没了应对之法，只得打道回府。回去之后，她赶紧找人商量了一下对策，但是大家都没什么好点子，不然钱早要回来了。董明珠心里盘算："既然他无赖，我就比他更无赖。"

打这之后，董明珠天天去他的公司催他退货。无奈，这个老总实在无赖，转眼间一个月过去了，还是没有成功地要回钱或货，董明珠心急如焚。

国庆节后，董明珠又开始了天天催账的生活，但这次她做好了万全的准备。她提前雇好车辆，省得对方推脱没有车，但这次对方的借口更多，说

第一章 天生倔强

公司员工不同意退货,所以他作为老板,必须先做通他们的思想工作。

他一再推脱的态度惹恼了董明珠,董明珠顿时火冒三丈:"你是不是总经理?你当面给我讲的退货,怎么又说话不算数了。从现在起你走到哪里,我跟到哪里。我不像你,说话绝对算话,不信咱们走着瞧。"

董明珠放了狠话,也算把这一个多月来的压力都释放了出来。

似乎是被董明珠的气场震慑到了,对方马上同意退货,让她第二天来拉货。到了第二天,董明珠直接把卡车停在了他们公司的门口,逼得对方老总放行,董明珠成功把货拉了回去。

吃了这次亏,董明珠学聪明了,不再先交货后付款,毅然决然地采取先付款后交货的原则。这个办法虽好,但只适用于已经有些名气的厂家,当时的格力名不见经传,这样去做,似乎困难了些。不过,董明珠依然决定采取这个原则。

董明珠要回了账,只是她在安徽工作的一部分,更重要的销售工作才刚刚开始。安徽省的经济状况本来就不容乐观,空调这种贵重物件在此处销售确实困难。另外,当地依然流行先交货后付款的经营模式,这着实让董明珠犯了难,是该坚持自己的想法呢,还是应该顺应市场?

董明珠从来不是一个喜欢妥协的人,她仍然相信格力的产品,相信销售的力量,她决定采用"先付款后交货"的方式进行销售。

她手里拿着格力空调的产品介绍拜访了一家又一家的经销商,其中有嘲笑谩骂她异想天开的,也有无奈地微笑着摇头的,还有将她拒之门外的,唯独没有支持她的人。面对这样的现实,董明珠依然坚持己见!

功夫不负有心人,事情在安徽淮南的一家商店里发生转机。这天董明珠又一次笑容满面地介绍着自家的产品,这家店的女经理被她的诚恳感动,表示愿意先进20万元的空调试卖,若是销售情况好,会追加货物,反之则不要了。

20万!董明珠拿着支票心里乐开了花,之前的不快一扫而光,她回到公司马上安排送货。与别的销售人员不同,在送完货之后,她没有断了和商家的联系,而是经常跑到店面看货卖得怎么样,客人有什么意见。用现在的话说就是董明珠的售后服务做得好,在别人都没有意识到这一点时,她已经把这点变成了自己的优势。

当这家店的20万元的空调都卖完,要求再进货时,董明珠一把拉住女经理的手,激动之情,溢于言表。

自此,董明珠和格力开创了第一批"先付款后交货"的销售模式,也随之带动了更多企业的资金流动,从源头上杜绝了要账难的弊病。

在这之后,格力也逐步打开了安徽市场,客户开始接受格力空调,接受董明珠的销售模式了。仅1992年一年,董明珠在安徽的销售业绩就达到了1600余万,占整个公司销售额的1/8。

直到现在,董明珠的经历还经常被搬上讲坛,她的销售业绩被人一次又一次提起。

董明珠一直有个称号——"销售女皇",这个称号来自她实打实的销售业绩。

这一年,董明珠脱胎换骨;这一年,董明珠开启了她的"销售女皇"之路。

Chapter 2

第二章

走南闯北,开疆辟土

◎ 三场硬仗

经过安徽要账这件事情,董明珠对安徽市场有了新的认识,也对销售工作有了新的认识。销售是一场斗智斗勇的战役,而非老虎扑食那么简单直接。

有了新的认识,董明珠明确了该如何做销售,她也在"销售女皇"的道路上越走越远。

她有信心能够拿下安徽市场,但在此之前,必须要制订完美的计划,不能打无准备的仗。面对安徽市场,之前的讨账经历让她对这片土地又爱又恨。在接到上级指示接手安徽市场后，她首先做的是市场调查。

她首先注意的是淮南市场，一来淮南市场有老顾客，比较容易开展业务。二来淮南地处安徽省的中北部，是长江三角洲的腹地，只要在这个地区站稳了脚跟，长江三角洲上下游的局面都会由此打开。

短短一两年的时间，董明珠就懂得了"商人的运筹学"，顾此而不失彼，像是在下一盘以生意为棋子的围棋，每一步都牵一发而动全身，每一步既是结束也是开始。

当时的淮南市场已经有一些卖格力空调的经销商了，当务之急是扩大格力的影响力。

有了开始的计划还不算完，接下来的市场也是不能忽视的，需要更为详尽仔细的调查。

董明珠先后跑了合肥、芜湖、铜陵、安庆等几个地方，除了接触当地的销售人员，还拓展性地接触了几个经销商，正是与经销商的接触坚定了她的信心，她觉得"安徽市场有希望"，除了淮南外，她定下了芜湖和铜陵这两个地方。

如果说选择淮南是站稳脚跟的打法，那么锁定芜湖，则是抱着一举拿下的信心。

当时芜湖的空调市场刚刚被打开，各种品牌的空调都一齐涌进。当时人们对于品牌还没有那么热衷，各大厂家拼的就是快和稳。董明珠选择这个区域，心思简单明了。

芜湖的计划告一段落，接下来就是铜陵。

铜陵是一个特殊的城市，它北接合肥，南连池州，东邻芜湖，西临安庆，是长江经济带的重要节点城市和皖中南的中心城市。简单来说，铜陵是个辐射性城市，在这里若能成功，就意味着在其他地区也会进展顺利，反之，如果在这里失败，也宣告着在其他地区的失败。

董明珠把最后一个"根据地"设在这儿，可见其野心之大，她想通过打

第二章 走南闯北，开疆辟土

开淮南市场，立足芜湖市场，最后打一场"铜陵攻坚战"。

三个城市布局一环套一环，环环相扣，董明珠想依靠这三个地方的空调市场打开整个安徽市场，以局部带动整体。她是这样想的，也是这样做的。

她把这次营销战役形容成"三场硬仗"。如果刚刚来到安徽时的董明珠是盲目且自信的，那么这时的她，更多的是忐忑且充满干劲。

初生牛犊不畏虎，只有吃过亏之后，董明珠才发现自己做销售和跟着老师傅做销售是完全不一样的。跟着老师傅不仅能学到有用的销售知识，而且不用为自己的业绩发愁，就算这个月不达标，下个月努力也行。但是现在，董明珠自己就是老师傅，别人还要靠着她带，压力自然很大。

那段时间，董明珠经常早出晚归，身边也没有个业务熟练的人帮衬，一切都靠自己摸索，但这时的她也只不过干了几个月的销售而已。

有一次，董明珠下班回家，刚刚坐下就感到心神不宁，没过一会儿就晕倒了。第二天她醒来仍然心神不宁，恶心、站不稳，她立即打车去医院。到了医院检查才知道，原来这段时间工作太拼命，身体吃不消了，还有些低血糖。

医生看她面黄肌瘦，对她说钱是赚不完的，身体才重要，身体是革命的本钱，再这样她会得大病的。

董明珠心里明白，可是做起来是那么难，安徽市场的拓展刚刚开始，也没有人帮衬，不去跑怎么办呢？她跟医生道完谢，拿了药就又奔向经销商那里了。

在安徽的日子，同事们形容董明珠时都是用"虎虎生风"这个成语。刚开始她也不知道是什么意思，一次她跟同事聊天才知道这个成语的由来。原来，有一回董明珠和同事一起去见一位经销商，同去的是个身材矮小的女同事，没想到董明珠走路很快，她竟然跟不上。每次董明珠从她旁边经过，她都感觉一阵"风"吹来，久而久之，同事们也就这样形容董明珠了。显而易见,董明珠走路快,带着"风",全赖于她做事情效率高。

打开安徽市场的整体思路有了,当然还需要一些保障性工作,也就是债务问题。

第一次接触安徽市场时要账的情景,董明珠还历历在目,对方骄纵蛮横的模样一直印在她的脑海里,她决定惩治一下这样的合作商,从根本上杜绝这种现象。

其实两者合作,本应是互惠互利的,但在一些人眼里,他买你的产品他就是大爷。董明珠一直都是个要强的女子,她不愿继续这种"敌强我弱"的合作形式,并决心要改一改。她向上级汇报了自己的想法。

得到的答案不容乐观,让她等一等。其实总部也为难,此事一旦开头,效果好还可以,如果效果不好,或许会给格力在安徽市场所占的份额带来毁灭性的打击。董明珠本可以不汇报这件事,只要拿回合作的单子就可以,但是她不愿意偷偷摸摸地进行,她不仅想改变格力在安徽市场的交易模式,她还想以此为跳板——改变公司在全国的交易模式!

先交货后付款,这种模式古已有之,它有它存在的道理,但进入新时期,弊端完全暴露。长久的坏习惯养出了越来越多的刁钻经销商,"欠钱的就是大爷"这种怪现象逐渐形成。双方合作依靠诚信,给人方便就是给自己方便反倒成为可笑的经营模式。这种怪象让董明珠震惊,同时也启发她思考。

过了几天,董明珠得到了上级的应允,可以一试,但是要慎重。

得到支持的董明珠马上找人商量具体的开展方案,计划不等人,只有把一切研究好她才能安稳地睡觉。几个人连夜制订了详细的计划,方方面面都考虑周详,最后董明珠在心里预演了一遍之后才放心地散了会。她终于放下了心中的一块巨石,可以放开拳脚大胆地进行工作了。她不仅要在这里卖出空调,还要让这里的经销商知道,合作既是利益共享,也是责任共担。

一切都开始变得明朗,下一步就是实施,这也是最艰难的一步。

这一夜,董明珠睡得很香,梦里,格力的美好前景让她迷醉,她笑得格外灿烂。

"三场硬仗",是董明珠走向"销售女皇"宝座的最坚实一战,安徽也成了她的第一个据点。从安徽起,她开启了营销人生的序幕。

◎ "我说的就是道理"

董明珠自己形容淮南市场是"第一仗打得最艰苦也最漂亮"。

在明确要拿下淮南市场后,董明珠就出发了,但是刚开始的效果并不好。

董明珠在去安徽之前,格力还叫"海利",是一个国营小厂,还是个空调"呼呼响"的牌子,他们生产的空调一运转就响个不停。经销商们对海利都不太满意,只拿它当成一种可有可无的陈列品。例如有顾客上门,他们首先介绍几种较好的空调,如果客人在预算上有限制,他们才会推荐海利,换句话说,海利只是个陈列物,可有可无。

那时,合作商不是对产品不满意,就是对服务不满意,海利的名声不好,董明珠的生意当然也不好做。

一次,董明珠又找到之前合作的厂商商洽接下来的合作,对方摆着脸说:"我这既有华宝,又有春兰,你拿什么和我谈,指望着海利吗?"

这一句问得董明珠哑口无言。华宝和春兰是当时最热销的两种空调,可谓供不应求,和它们比,海利自然是弱者。在连续碰了几次钉子后,董明珠只好找以前没有合作过的厂商,但她不知道的是,还有难题在等着她。

为了避免出现坏账,董明珠坚决要在安徽市场采取"先付款后交货"的方式,这和市场上的"先交货后付款"的方式形成强烈反差,经销商当然愿

第二章 走南闯北，开疆辟土

意选择更有利于自己的方式，也就是后面的一种方式。一时间，董明珠前面横亘着一座座高山。

再难也要上，因为她是董明珠。

在一家综合性的商场里，董明珠跟他们的经理谈合作，对方直接说："是骡子是马拉出来遛遛，拿来几台试试吧。"

董明珠一听很高兴，接着又问起了付款方式，对方说："老规矩，先交货后付款。"说完他还提了华宝和春兰给他们的优惠，董明珠心生苦恼，也只得直言："我们的产品得先付款后交货。"对方听完直接请她走人了。

经过这次接触，董明珠不仅摸准了淮南市场的基本情况，还了解到统一价格的重要性。据这位经理介绍，华宝和春兰空调给他们的价格是淮南市场上最低的价格，可在他洋洋得意之时，董明珠却意识到这种方式的弊端。

同一个地区，家家户户报价不一样，市场上压价的行为就会越来越严重，企业的利润也会越来越薄，并且不方便管理，最终有可能把企业逼上绝路。董明珠临时决定在淮南市场上统一价格，绝不做影响自身发展的事情。

连续走了很多家，不是因为价格问题，就是因为付款方式问题，董明珠一次次地被拒在门外。她的心中有过迟疑，是这种付款方式不被大众接受吗？这样做究竟是对是错？虽有动摇，但她还是没放弃，仍然用原有的方案敲开一家又一家经销商的门。

一次，在经销商笑话董明珠异想天开后，她把自己的想法和盘托出，对方仍是不以为然，她马上站起来，硬气地说："我说的就是道理，总有一天你会看到。"

虽然已过而立之年，董明珠却还是像小姑娘一样有一副倔脾气。此后，"我说的就是道理"也变成了她的口头禅。

倔强归倔强，但在听过各种各样的拒绝理由后，董明珠也决定改变一下自己的策略,多使用一些谈判技巧。在与经销商谈判时,她总结出谈话的时候要掌握主动权,要牵着对方的鼻子走,在每个关键的地方留心对方的反应,而不是一味地坚持,该改的地方就要改。

　　董明珠从未系统地学习过销售,所有的一切都是靠着自己"双眼看,张口练",这也正印证了"实践出真知",只要踏实地从底层做起,用心钻研,无论什么职业,都能成就一番事业。

　　老天不负有心人,依托于一位经销商,董明珠终于打开了淮南市场。她告诉自己要坚持住,她用新总结出来的经验来试水,也正是这次试水,奠定了格力在淮南的成功。

　　这家电器商店的经理是一位女士,笑容可掬,一看就是个好说话的人。这家电器商店虽然不大,但是卖出的空调数目却很可观,董明珠想,只要拿下它,就算开了个好头。

　　刚开始介绍时,董明珠一个劲地夸自己家的空调,对于空调的一些小问题并不道破。在获取了对方的信任后,再提出每家空调面临的技术难题,尤其是当时的大热门:华宝和春兰。如此一来,对方就比较容易接受有小缺陷的"海利"了。

　　两人相谈甚欢,女经理决定先进少量的货来试试,如果卖得好再跟进。董明珠一听有眉目,马上接着说:"我们有规定,得先付款后交货,但看咱聊得这么尽兴,可以适当放宽些,先付一半。你也不用有顾虑,如果最后货卖不完我可以退钱给你。"

　　对方有些迟疑,询问彼此首次有生意往来,如何才能得到切实的保障,董明珠马上说:"你想到什么,咱们的合同里都可以写清楚的,放心跑不了的。"

　　听完董明珠的承诺,这位经理倒也爽快,直截了当地说分开付太麻烦了,愿意直接付全款。董明珠一听,不禁暗自欣喜,碰了那么多钉子,终于遇到一个干脆的合作方了。董明珠甚至有点不敢相信,连着又问了一遍,直到得到了相同的答案,她才敢真正高兴起来。

这是董明珠在安徽做的第一笔生意,这一切来得太不容易了!

生意算是谈成了,接下来就是签合同,双方把自己的顾虑都写进了合同,这样一来就不能赖账了。董明珠在以后的生意中一直很重视合同,事无巨细,能想到的都写进去。

安排完发货,董明珠总算松了口气,但这还没完,这只是一个开始。她特别重视售后服务,隔三差五就找那位经理聊天,听取她的建议,一来二去,两个人熟悉了,后面的合作也自然而然地多起来。没过多久,"格力"诞生了,空调的质量直线上升,她与合作方的合作就更为顺畅了。

董明珠在经历了这次生意后,终于可以扬眉吐气了,看来她的想法得到了市场的认可。就这样,她用同样的方式敲开了另一家经销商的大门。虽然这种方法得到了认可,可是销售情况仍不乐观。

很快,她又想到了另一个办法——口口相传,一个人卖顶不上十个人卖。

董明珠又找到了那位女经理,问她愿不愿意在自己家里试用格力空调,女经理还是爽快地一口答应了。更新换代的格力空调,在质量上大大提升,女经理在使用后大力称赞,之后她身边的亲戚朋友也开始使用格力空调。这就是口碑的力量。

董明珠还用同样的办法把格力推销到了很多经理的家中。这时的格力虽然还是那个年产量不高的空调小厂,可在没打广告的情况下也开始流传于民间,一个良好的品牌形象就此树立。

1992年夏天,女经理主动给董明珠打来电话要再进一批货,董明珠非常高兴,自己的销售终于被认可了。此后,一张张订单飘然而至,还有一些经销商主动联系董明珠。

很多经销商在与董明珠合作过一次之后,纷纷表示愿意再次合作,一来放心格力的产品,二来信得过董明珠的为人,一旦碰到有问题的空调,董明珠二话不说,直接换个新的送过去,这样的售后服务哪里挑得出毛病?

渐渐地,厂商们不是太在乎先付款还是后付款的问题了,很多品牌开始效仿董明珠的经营方式,越来越多的厂家也愿意先付款后交货,淮南地区的烂尾账也变少了,几个走下坡路的公司也开始走起了上坡路……

淮南市场终于被打开了,在年底业务统计时,1992年淮南市场的空调销量达到240万元,是安徽省内空调销量最高的城市!

这样的业绩,显示着董明珠的成功,也让董明珠更加坚信自己的营销策略,这更预示着安徽市场的打开。虽然已经迈出了艰难的第一步,但接下来还有一场硬仗要打,那便是至关重要、承上启下的芜湖市场。

第二章　走南闯北，开疆辟土

◎ 对"大户"的"巧取豪夺"

淮南市场稳定了，接下来就是第二场硬仗——芜湖市场。

董明珠对于淮南市场的情况已经很了解了，但是来到芜湖，周遭的一切都是陌生的，一切都要从头开始，唯一幸运的是，在淮南市场的经验也许可以用在这里。

刚来芜湖之时，夏季已经快接近尾声了，这也就意味着留给董明珠卖空调的时间并不多。董明珠拜访了几家商场，效果并不好。如果再这样浪费时间，芜湖市场就算完了。董明珠只能换一个打法——化零为整。

芜湖市场上有一家国营的电器商场，之前卖过"海利"，董明珠决定从这家店入手。虽然曾经打过交道，两人接触时能更熟悉些，但是"海利"并不是一款特别好销的产品，在这点上不占优势。

怀着忐忑的心情，董明珠与电器商场的经理约定了谈生意的时间。通过电话，董明珠听声音觉得对方不是个信口开河的人，她心想只要是个讲道理的人就好办。

到了两人见面的日子，董明珠来到经理的办公室，经理直言快语说合作可以，但要先把账结了："我们是讲信誉的企业，没有差过你们一分钱，但你们欠我们的钱什么时候才能归还呢？"

在交谈中，董明珠才知道，原来在之前合作时，"海利"空调的业务员因为一些工作上的疏忽欠下了一些账款,一直到现在都没有归还。董明珠听完这话,顿时面红耳赤,没想到自己的公司会出这样的事情,一直以诚信为本的她有些羞愧,就这样败下阵来。没办法,她只能说:"您放心,我让公司查一下账目,如果情况真像您说的那样,保证把欠贵公司的钱补回来。"

回来后,董明珠立即联系总部,问清情况。

当时,总部还没有形成统一的营销流程,每个人都有一套方法。这个人负责完的工作,下个人再接手时,经常会出现弄不清账的情况。万幸的是,董明珠因为销售业绩良好,所以所问之事很快有了答复。此外,她还为这位经理争取了还款等事宜。

没过多久,董明珠就带着钱款再次出现在了经理的面前。对方很赞赏董明珠的工作态度,主动订了一批格力空调,不仅如此,两人还针对芜湖地区的空调市场制订了营销计划。

这次合作对董明珠的触动很大,此后她对与商家合作中钱款的流向问题更加重视了,这既是诚信的表现,也是诚意的表现。

随着第一批格力空调运进芜湖,董明珠之前制订的营销计划也正式开始执行。

这家商场收到格力空调后,便开始卖力地宣传,越来越多人了解到这个品牌,格力也渐渐有了些名气,董明珠在芜湖的第一仗打响了!

随后,董明珠也开始了大力宣传,她这次的目标是二级商场。之前"海利"产品在二级市场中出现得多,可推销起来也十分艰难。

另外,虽然"大户"已经接纳了格力,但在没有取得成绩之前,"小户"是不敢轻举妄动的,因为他们没有输的资本。

一时之间,观望之风盛行。

董明珠没有时间等他们做决定,只能"逼"他们做决定。她去了早前去过的一家商场,那家经理依然不敢拍板决定。董明珠决定吓一吓他,直接说:"我之前也来过,您说考虑考虑,您跟我实话实说,我也不逼迫您。隔了这么久,您知道今天我为什么来吗?"

经理一脸茫然,她接着解释:"因为格力马上就有新动作,我一来是为了销量,二来也是给您一个机会。上次见面以后,觉得您是个实在人,跟您做生意我放心。"

看着经理一脸的好奇,董明珠知道有戏。她接着说,格力要配合芜湖市场来一场大的宣传,宣传力度是绝无仅有的。

事实上,他们之前看"大户"进了许多格力空调,就已经蠢蠢欲动了,在没有宣传的情况下只靠口碑可以做出这样的成绩,已属不易,如果加上强有力的宣传,格力的销量可想而知。经理在心中盘算着。

董明珠接着提出了诱人的条件:现在格力空调的价格是优惠价,宣传过后,人家都来买,格力空调的价格可就不是这样了。"今天我卖不卖得出去无所谓,您考虑清楚,以后我可不会再来第二次了。"

董明珠这么一说,经理有些急了,但还是拿不定主意。这时,董明珠给了他最后一股助力:"某某家刚刚进了 30 万的货。"

作为同等规模的商家,大家都是竞争对手,如果产品质量还可以,对方有而自己没有,无形中便降低了自己的竞争力——品牌丰富也是衡量商家能力的一个指标。

经理一咬牙,进了董明珠的货,后在格力大力宣传之时,销量一路看涨!

董明珠在这次生意中,运用了很多谈判技巧和心理策略,这也是她迈向"销售女皇"宝座的法宝。

在营销之前,首先要判断客户类别和等级。对症下药才能药到病除,只有判断清楚了客户情况,才能清楚地知道如何推销、推销多少。

董明珠在去之前已经足够了解商家的情况,所以并没有让他们进太多货,让他们既够卖且又不压货,这样一来,两方都能获利,再次合作也就是自然而然的了。

营销同样讲究循序渐进。董明珠刚开始说明来意,经理并没有太多的关注,在讲到格力的政策时,他开始动心,最后提到同行的情况刺激他,这笔生意就做成了。

谈成生意后,董明珠没有撒手不管,无论是对"大户",还是对这样的"小户",她都注重售后沟通,卖得怎么样,哪些地方不合适需要改进……这是她与其他营销人员最大的区别。

很多营销人员往往忽视商家的重要性。他们接触顾客最多,收到顾客的反馈也最多,只有充分了解顾客的需求才能改进产品设计,有了好的产品,就不怕顾客不买账了。

用这样的方法,董明珠搞定了很多二级市场的商家,接下来就是一些有能力的散户了。有了一级市场和二级市场的铺垫,三级市场只要把握住需求就可以了。

几个月的时间,董明珠走访了很多有购买力的散户,他们担心的最大问题就是产品砸手里,董明珠笑着告诉他们,"卖不出去可以退",这样一来,他们的顾虑没了,自然愿意进货。

一传十十传百,董明珠在三级市场上攒了很多人气,许多客户自己找上门来,有时自己来买货的客户一天的销量就能达到几十万元。在这样的利好局面下,芜湖市场越来越好,好到已经不需要董明珠去跑就有商家进货了。

董明珠形容芜湖市场的营销策略为:对"大户"的"巧取豪夺",集中力量先搞定最有市场份额的商场,既拓宽了销路,也加大了宣传力度,这样一来,再推销给其他商场的时候,底气足了,也更容易成功。

1992年,董明珠逐渐稳定了安徽市场,共销售了价值几百万元的格力空调,之前的"大户"就销售了一百多万元的产品。就连这家商场的经理也说:"格力也拉动了我们的销售情况,这样的业绩也是头一次。"

芜湖战役,是三场战役中时间最短、最成功的,随着它的圆满落幕,等待董明珠的还有一场最艰难的仗——铜陵市场战役。

第二章 走南闯北，开疆辟土

◎ 铜陵市场之战，最难最苦

格力打开安徽市场最难的一场仗非"铜陵市场之战"莫属。

铜陵这座城市因铜得名，是安徽经济的重要节点城市，也是打开安徽市场的关键。

铜陵盛产铜，因此工业园区比较多，整个城市的经济基础也很好，与淮南、芜湖的市场情况不太一样，这里的人更多地看重产品本身，相对来说，价格不那么重要。

完全陌生的销售环境让董明珠有些犯怵，之前的销售模式也许并不适合这里，因地制宜，用好方法才能有好成绩。

无论采取什么样的营销方法，董明珠都把熟悉市场作为第一步。因此，她依然选择了一家之前卖过"海利"空调的商家。她带着账本找到商家，说明身份后对账，对方一听是关于钱的，马上说："谁欠你们的账？欠账的是海利。拿了钱不给货，怎么搞的？"

没想到对方反咬一口。董明珠生怕是自己的纰漏，再次查看账本，自己确实没算错，急忙解释："不对吧？你们可能搞错了，海利发的货应该是超过了你们划过来的货款……"董明珠说了很多，对方也不买账，她只好堆上笑脸好声好气地解释，谁都有可能犯错，咱们对对账吧，账都在这里，一对就知道了。

面对态度良好的董明珠,对方还是没有好态度,董明珠说,"也可能是我错",她表示如果是自己的问题,一定督促公司把货物补齐。

听到有便宜可占,对方态度有些缓和,但是还在抱怨:"老实说,还有一堆海利压在仓库里呢。海利只有窗机,品种单一,又没有知名度。春兰、华宝、宝花、小天鹅等品牌,可以说是家喻户晓,不用推,都好卖,品种又多,分体机、柜机等,现在空调市场不好做呀。"

与知名产品相比,格力空调确实不占优势,听到来自商家的抱怨,虽然有许多不实之处,但是董明珠还是记在心里。

与对方聊了一会儿这个问题,董明珠还问了顾客在选购空调时的难处,对方也一一作答,比如现在安装空调需要提交控办申请,还要交增容费等。很多顾客嫌麻烦,即使热一点也不买空调,所以空调生意不好做。

换位思考,如果我们是顾客,遇到这么难办的事情,又不是必需品,当然也会选择其他的替代品。还有很多商家是借贷维持公司运转的,这样一来,很多想投资的也不敢投资,因为他们一旦看错时机,就面临倒闭的危险。

这位商家虽然在刚刚接触时表现得并不友好,但所说的句句属实,铜陵的空调市场确实存在这样的现象。

两个人越聊越欢,刚开始见面时的不愉快烟消云散,并且约定了下次对账的时间。

在几次交流过程中,董明珠认定对方是个"正派商人",同样对方也看到了董明珠的热情与诚信。

与总部联系后,双方的账目逐渐明朗。但是,这并不是董明珠的全部来意。她来铜陵是卖产品的。最后一次对账结束前,董明珠表明了来意:希望对方能够再进一些空调,对方欣然同意。

董明珠并不满足于此,在屡次交流后,对于对方反映的问题,她想找到解决办法,从根本上解决问题。

第二章 走南闯北，开疆辟土

当时正值改革开放，下海经商推动了经济发展，政府在某种程度上的帮衬解决了商人的很多问题。董明珠也想找政府解决困境。

空调手续复杂，关键在于供电局，换个角度考虑，所有要买空调的人都要到供电局。

她赶到了供电局，打听之后得知，凡是办理空调业务的都要去营业部，而营业部就摆着几台空调，她心想："这不是现成的机会嘛。"她装作办理业务的样子打量着展厅和销售人员。

董明珠找到了他们的经理，但是经理完全是个门外汉，不知道该如何选购空调，如何给空调定位。为了取得他的信任，董明珠从生产讲到了销售。

说起空调，董明珠滔滔不绝。看经理一直不插话，便问他有什么想法，经理坦言："你说得很好呀，说真的，我还从来没有听人说过上面这番话，看得出你是个内行。这样，今天我们要下班了，明天我有个会，你后天再来怎样？"

对于第一次见面，董明珠感到很满意，她觉得自己的想法能成功，在去供电局之前做好充足的功课，她不仅对自家的产品熟稔在心，也对同时销售的其他几个品牌的特性了如指掌。

那段时间，董明珠的身影总会出现在供电局内，工作人员都认识她。一天，经理主动对她说："我是很想跟你做成生意，但这么大的生意，我一个人不敢做主。这样吧，我跟我们局领导汇报一下，再给你答复，怎么样？"

有了经理的帮助，事情就算是成了一半。这天，局长前来视察工作，经理把董明珠的情况向局长介绍了一下，董明珠抓紧机会向局长介绍了铜陵空调市场的情况，也仔细比较了各个品牌之间的优劣。

局长听着董明珠的介绍，觉得这是个做事的人，就大笔一挥，同意了董明珠的提议。供电局买了价值50万元的格力空调。一时间，董明珠的名字传遍了格力的内部和铜陵市场。

想要持久发展,这只是第一步。供电局的工作人员对于销售和安装都不是很在行,让他们服务客户也不是件简单的事情。为了保持和供电局的合作关系,董明珠比之前更加细致地教营业员卖空调。但是他们却不爱学,原因很简单:赚了钱也不是自己的。董明珠通过和经理摆事实,讲道理,终于促成了供电局改革经营空调的模式。

当时很多商场开始实施上门安装空调服务,董明珠建议供电局也采取这样的方式,但供电局的安装工们却不上心。董明珠只好再组织一支安装队伍,一是为了两者竞争,提高积极性;二是两队各有分工,各司其职。

解决了供电局的诸多难题,格力的名声在铜陵更响了,董明珠在接触其余商家时也方便了许多。总部知道了董明珠取得的成绩也很高兴,给予了嘉奖,并号召全员学习她的营销方法,争取在全国范围内推广格力。

在跑业务之时,董明珠还认识了一个竞争对手,他是宝华的业务员,很有头脑,也很勤快,不仅业务知识扎实,人还热情,经常跟客户像兄弟一样去吃饭喝酒,很多事在酒桌上就办成了。

与其相比,董明珠没有这样的优势,她另辟蹊径,看上了营业员这条近路。营业员直接跟顾客打交道,他们了解顾客的需求,也是推销产品的第一人,他们对于销售至关重要。再则,营业员多为女性,在这点上,董明珠也有优势。

董明珠经常与营业员聊天,同为女性,大多时候都能聊得起来。她还经常与营业员们一起卖空调,卖出去的都算在营业员头上。一来二去,大家都很喜欢她,也愿意和她多学些销售技巧。

就这样,过了一段时间,营业员的努力得到了回报:格力这一年的销售额超过了往年的冠军宝华的销售额。董明珠的成绩一点点地在积累,营业员的奖金也越来越多。

通过大型商场的推销、供电局的三步走、营业员的带动这几步"神棋",董明珠终于成功让格力空调扎根铜陵市场,这场时间最长、最为艰苦的战役也以胜利告终。

打开安徽市场,从淮南始,经由芜湖,止于铜陵,一场战役难于一场,董明珠付出了常人所不能及的精力和心血,克服了无数困难,越过了一座又一座销售的高峰。

此时的董明珠可谓身经百战,但前方依然有难题等着她——在安徽全省推广格力空调!

◎ 安徽进行时

1992年,格力空调在安徽市场的销售额突破了1600万,占整个公司销售额的1/8,这与董明珠的努力是分不开的。可是在年底前,身在安徽的董明珠过得并不轻松。

虽然三场战役圆满结束了,但是安徽市场的销售工作却没有结束。想要在整个安徽市场销售格力,目前只完成了一半,之后的收尾工作才是至关重要的,如果不能把握安徽其他县市的市场,那么之前取得的成绩也将付之东流。

在铜陵市场之战中,董明珠与供电局合作取得了可喜的成果。在其他县市,她也想借供电局的"东风"达成既定目标。

可是,有同样想法的不仅是董明珠,很多厂商看到她敲开了供电局的大门,也想效仿,无奈铜陵供电局已经被格力"拿下",只得选择其他市场。这样一来,董明珠的竞争压力就大了很多,当然,凭借铜陵的战果,她还是占有优势的。凭借着这一点优势,她希望比别人快一些夺得市场。

那时的董明珠每天只睡几个小时,不是在去往另外一个城市的路上,就是在从另一个城市赶回来的路上。

她首先来到了合肥,合肥是一座协调型城市,这里虽然没有很多工厂,但却是安徽省政治、教育、科技的核心。众多的组织机构在此,他们所需要的空调数量也是可观的。

在合肥,董明珠也找到了供电局,有了先例,他们自然愿意提供帮助。虽然中途也有同行来竞争,但依靠之前三场战役的胜利,董明珠和格力在安徽省还是小有名气的,竞争者自然败北。

董明珠和供电局合作,双方都很爽快。不仅如此,供电局还给董明珠介绍了几个商家,这也让她在合肥市场的推广活动顺利了许多。

与这几个商家的接触还是很顺利的,他们都拿了些格力的产品,后续维持得也很好。但是只有这几个客户,还不足以支撑合肥市场,必须要有一记强有力的主动出击才行。

又回到了起点,想要带动一个本来就成熟的市场,需要外部施压,同时也需要内部绽放生机。董明珠带着的格力产品就相当于外力,现在急需找到内力。

经几个朋友介绍,董明珠认识了一位有魄力的总经理。这位经理年近60岁,一直做汽车贸易。本来没觉得这家公司会有希望,但多了解一些各行各业的销售情况也没有什么不好,董明珠抱着这样的念头与这位经理开始了接触。

在接触过程中,这位经理给董明珠讲了很多汽车行业的生产和销售情况,还介绍了自己公司的发展情况以及未来前景。他仿佛给董明珠打开了另一个产业的大门,日后董明珠任职格力总裁期间也对汽车产业有了涉足,这无疑与那位经理有关。

介绍完自家的情况,这位经理也问了董明珠空调行业的相关发展概况,董明珠如数家珍,一一道来。从空调行业的产生到发展,直至未来前景,此外她还向这位经理介绍了格力空调的前世今生。

听了董明珠详细的介绍,经理知道她是很专业的,也是对这个行业极有热情的,便让她根据自己的公司情况做一份详细的市场报告。董明珠照做了,几日后把这份报告拿给这位经理看。

当他看到计划上125万的排货量,直接叫会计准备。董明珠担心其不熟悉空调市场,劝他少进点货。经理笑着摆摆手:"没事,干了这么久,知道怎么卖货。"经理乐观的精神感染了董明珠,在之后的工作中,董明珠也一直保持着乐观的精神。

当这位经理决定进军空调市场之后,很多人劝他"没接触过,不要太冒险""她万一是骗子呢""合肥卖得不好怎么办,调查一下再决定吧",但他爽快地表示董明珠不像是这样的人,并说:"不用调查了,如果董明珠是骗子,我也认了。"

从这位经理身上,董明珠看到了老一代企业家的耿直、坦率,但是他们绝对不傻。他们根据市场定计划,根据产品定价位,同时根据人定合作。有魄力、敢担当的老一辈企业家,与现在一些商人的小气世俗、投机取巧相比,自然高出了太多段位。

利益不是他们的第一追求,产品和诚信才是他们作为商人的根本追求。在合肥市场上,虽然销售情况没有前面几个城市好,但董明珠得到的却比之前多。

不仅如此,这位经理还把自己的朋友介绍给董明珠认识,董明珠也正是抓住了这个机会,最终打开了合肥市场。在这里的顺利程度超出了董明珠的预期,同样也大大加快了她在整个安徽开疆拓土的进程。

在合肥的工作基本上告一段落后,董明珠又来到了"万里长江此封喉,吴楚分疆第一州"的安庆。安庆是一座文化城市,其商人也是如此,董明珠在这里学到了很多商人应该有的样子,不仅包括衣着,也包括谈吐。

此前,董明珠的外在形象一直不太好,很多同事都提醒过她,但是她依然我行我素,认为这并没有什么不好,朴素一些反而让客户能更多地关注她的产品而不是个人。

但是在安庆,她改变了这种想法。很多儒雅的商人依然可以卖出产品,与他们交流之时如沐春风,他们不但没有让个人形象喧宾夺主,反而建立起了良好的商人形象，让人愿意相信，生意也更兴旺。

董明珠见了很多这样的商人，与他们的合作顺利达成后，她想了很多，其中就包括商人的形象。渐渐地，她发现作为商人，除了衣着的包装，更重要的是思想的武装。只有你用丰富的知识打动别人，才能够树立长久良好的形象，否则只是徒有其表。

此后，董明珠在出门见客户时也不再穿得那么"寒酸"了。得体、大方的着装让她给人的第一印象很好，加之过硬的业务水平和多样化的推销方式，很多人都愿意主动找她合作。

就这样，每到一个城市，她就多了解一些营销知识，董明珠凭借安徽市场，把自己练就得如钢铁一般，即使在以后，面对突发状况时也没有一丝柔弱表现。

霸气的董明珠，在安徽的各个城市丰富着自己。安庆之后，她又去了很多地方。格力的名声开始在安徽变得响当当，由此进入了一个良性循环的状态。董明珠执行的"沟通—强调—服务"的思路也在全厂推广，格力人希望可以用这种方式一改格力的颓势。

安徽的很多城市都有董明珠的足迹，毫不夸张地说，安徽市场是董明珠独挑大梁的市场，她在这里取得的成功，也成为一股推动她走上"销售女皇"宝座的动力。

董明珠在总结了自己这次成功的营销经验后，发现并没有什么特别之处，所需的无非是坚持不懈和那一点点发现的眼光，适时地抓住时机。

很多人说董明珠是靠机会，靠着供电局才取得好成绩的，但是如果没有供电局，以董明珠的努力和坚持，她在安徽市场依然可以站稳脚跟，只不过是时间的问题。

上天总是公平的，但也时时表现出不公平的一面。这种"不公平"，是考验一个人能否担当重任的关键。

Chapter 3

第三章

敢想，敢拼：我就是董明珠

◎ 巧遇伯乐，朱江洪的知遇之恩

随着安徽市场的全线飘红，"董明珠"三个字也在格力内部光芒四射，这三个字代表的是格力的新力量、新生机。在格力内部，董明珠的名字迅速传播，也正因如此，让董明珠遇到了她的伯乐——朱江洪。

朱江洪是一个传奇人物。他出生于1945年，那时正值解放战争时期，祖国的许多地方都不太平。在这个特殊时期出生的朱江洪也跟其他小伙伴一样，躲来躲去。没过几年，中华人民共和国成立了，朱江洪也顺利地上学读书,25岁那年,他从华南工学院毕业。

那个时候,国家有政策,毕业后分配工作,朱江洪被分配到广西百色矿山机械厂。刚入职时,他只是一个普通的小职员,而且是个"招人烦"的职工。

搞技术的朱江洪看到产品,就开始"脑里跑马",想着把技术提高、提高、再提高。许多老员工都被他追怕了,甚至到了一见他就跑的地步,他总是追着人家问这问那,凡事精益求精,尤其是技术上的事情。

有老员工回忆当时的情形时,形容他"简直是个不知道累的家伙",那时候加班就他最勤快,没日没夜不说,有时候连吃饭都忘了,真是废寝忘食。刚开始,职工们觉得他是做做姿态,没几天就会停,没想到他就一直那么坚持下来了。虽然他"招人烦",可同事们在与之接触时也发现,他很善良。

同事遇到难题,他提供帮助,同事解决不了的问题,他也帮忙一起研究,谁家有点什么事,都能看见他的身影。

就这样过了几年,单位里都知道朱江洪这个人没有坏心,一心为大家着想。工作中他积极表现,遇到不懂的就请教,因此在短时间内就连连升职,最后竟然坐上了厂长的位置。

由于工作表现良好,1988年朱江洪被调回珠海工作。和之前一样,他在工作中能及时地处理好各种问题,出色的工作表现让他迎来了事业的又一个高峰。

1991年,由于突出的业绩,朱江洪被任命为格力的新厂长,虽然是升官,但此时去格力并不是个美差。格力前几年业绩不好,正面临着严峻的形势,即使有几个销售骨干,也很难力挽狂澜。

刚上任的朱江洪还没有理清思路,就遇上了难题:刚刚生产出来的空调运到了经销商那里竟然无法启动。朱江洪得知此事,马上派技术员过去调查,一查才知道,原来是因为暴力运输震断了空调里的铜管。

第三章 敢想，敢拼：我就是董明珠

此外，投诉如雪片般接二连三地飞来，都是关于设计问题的，甚至有人这样形容他们的空调——"晚上开着格力空调，就像飞机在头顶不停地盘旋"。朱江洪是干技术出身的，当然不能接受这样的产品瑕疵。

他决定严抓技术。在几个月的时间内，他甚至住在单位，没日没夜地研究怎么才能降低噪音，让格力空调更完美。

功夫不负有心人，朱江洪付出的时间和精力总算得到了回报，新设计的格力空调一投入市场就被董明珠卖个精光，市场形势一片大好！

在新机器投入生产之后，因为原来机器的名声不好，新机器的销路也一直无法顺利打通。

经过小组讨论，朱江洪决定用点小技巧——换个牌子，让新产品以崭新的面貌面对消费者。这个主意很好，可是要换什么名字呢？大家翻了好几本大辞典，最终想出了"格力"这个名字。

崭新的格力，很快在市场上打开了销路，尤其是在安徽市场，那是董明珠成名之地。这时董明珠和朱江洪只在会上见过彼此，并不认识。朱江洪看了董明珠的业绩，觉得她是个可用之才，想去会会她。

这次会面，正是伯乐与千里马的相遇，对他们二人今后的事业都有着极大的影响。1992年秋天，朱江洪与董明珠共同乘车前往南京，两人在车上相谈甚欢。

当时整个安徽的格力销售额是1600万，而富庶的江浙地区只有可怜的300多万。在这样的比较下，一眼就能看出董明珠的能力。此时的她虽然有强大的销售业绩，但却还是个刚入门的年轻人，若不是亲眼看到，谁都不信她会有这样的业绩，朱江洪也不信，断定她在别处做过销售。

朱江洪在接触中逐渐发现，董明珠的确不是销售老手，但这反倒更让他吃惊。慢慢地，他发现董明珠的潜力巨大。她与一般的销售人员不同，她不看自己的利益，而是最大程度地放大公司的利益，在与客户谈生意的时候，不在乎自己能分多少钱，只要能保持住这个客户，把货卖出去，自己拿的奖金少一点也无所谓。

董明珠用自己的真诚打动了客户和领导,也用她的上进证明了自己。与此同时,伯乐的双眼也擦得明亮,等着千里马的一骑绝尘。

之前两人就有过短暂的交谈,朱江洪对她的印象就不错,觉得是个好销售,这次同车而行,她又一次让朱江洪刮目相看。在火车上,她向朱江洪讲述了自己的销售心得。

她直言,想要做好生意,不仅是把产品卖出去,而是要依靠诚信和产品与顾客形成牢固的合作关系,只有依靠这两点,才能建立长期的合作关系。说到底,产品是第一位的,只有好的产品才能让消费者愿意掏钱包。第二位的当属销售人员,有了好的产品后,要看销售员怎么推销出去,如何打动消费者。她坚信,把这两点都做好的企业,一定能迈向更大的舞台。

从合肥到南京的途中,董明珠和朱洪江二人谈到了格力现有的毛病、未来的发展,直到火车到站了他们才停止交流,两个人像是老朋友一样约好了再次谈话的时间。

与领导的几次接触,让董明珠意识到,格力还是有救的。

本来在董明珠取得成绩之时,很多人急红了眼,说了些很难听的话。对于这些诽谤,董明珠并不感到生气,而是感到无力和惋惜,感叹格力的今时今日,竟无人想要学习好的方法多卖空调,反而是充斥着嫉妒心态。

高山流水遇知音,听着董明珠的见解,朱江洪顿感自己的想法终于能够被人理解,他在心里暗暗下定决心要重用她,像战友一样与之并肩作战,开创格力的新时代!

朱江洪在以后的工作中,给了董明珠很大的空间,让她可以大展拳脚,不被束缚。

朱江洪是个有魄力、有胆识,也有野心的人,他自接手格力的那一天起,就想让格力焕然一新。一方面,董明珠的出现,给了他这样的决心和机遇,很多人都说朱江洪是董明珠的伯乐,从另一方面看,董明珠何尝不是朱江洪的"伯乐"呢？伯乐与千里马，从来都是相互的。

此后，董明珠与朱江洪成了很好的合作伙伴，这两个人是真正地想让格力壮大，这也许与两人的教育背景有关，也可能与两人的共同愿景有关。格力，就在这样的环境下茁壮成长着。

他们二人一同把格力带入了新的时代，在同类产品中，很多品牌渐渐消亡，格力能够坚守实属不易。

道不同不相为谋，以格力的发展来看，他们二人自然是同一阵营的。此后，董明珠接过朱江洪手中的交接棒后，也没有忘了这位昔日的恩师，以他为榜样，用心管理着格力。

至今，董明珠逢年过节依然前去看望朱江洪，跟他说说话，聊聊格力的新发展，她心里不曾忘记这段知遇之恩。

◎ 正骨重造，格力新生

格力的改变是从朱江洪开始的，到董明珠手中得以延续。但如今名满天下的格力，它的涅槃重生并不简单，或者说，是极为波折的。

朱江洪从广西百色矿山机械厂调到格力之前，先在格力的兄弟厂冠雄塑胶厂任职，这时格力还叫"海利"，海利与冠雄同属一家集团公司。

1988年朱江洪来到冠雄当厂长，他以为一切都是一帆风顺的，但到来之后才知道不是那么回事。

冠雄塑胶厂是一家生产五金的工厂，有100多名职工，当时的效益特别不好，总是拖欠员工工资，这一年已经亏损了200多万元了。由于发不出来工资，员工也十分懈怠，一部分人离开，另一部分人虽然在职，也是"不务正业"。他们有的偷偷搞起了副业。当时流行倒卖香烟，尤其是在关口等地方更好卖，比他们在单位赚的还多。

而一些无赖的员工看着单位发不出工资，就想办法偷着变卖单位的东西，使得国有资产流失严重。这种状况一直持续到朱江洪到来才得以改变。他上台后，雷厉风行，迅速处理了一批不合格员工。

这一年，朱江洪带领着冠雄改变了原来亏损的面貌，用一年的时间赚了70多万元，第二年赚了400多万元，这在冠雄的历史上是浓墨重彩的一笔，从根本上改变了冠雄即将倒闭的命运，也让人们见识到了朱江洪的

第三章 敢想，敢拼：我就是董明珠

能力。

虽然上级命令冠雄停止空调模具的开发生产业务，但是朱江洪看到了其中的商机。既然上面不让做，那么就私下偷偷做。

对朱江洪的做法，厂里也有人表示反对，他们劝说朱江洪："这样做危险太大了""没有人做空调，何必浪费人工和财力呢？"但朱江洪决定的事就没有更改的余地，他认定这是一条可发展的道路，先发展才能掌握先机。

事实证明，他的想法和做法是十分正确的，正是他当时的坚持才奠定了日后格力空调的生产基础。后来他回忆起当初的坚持还很得意地说："要是不偷偷地做，合并后的格力空调还有什么新产品可销？"

这段经历，董明珠也是后来才知道的，她对朱江洪为工作付出的时间和精力由衷地钦佩。在其后的点滴接触中，董明珠还了解到朱江洪是怎样来到格力工作的。

在很多场合中，她都对员工讲了格力的那段历史，希望员工能学习朱江洪的那种努力付出，以公司为家的精神——付出总会有收获，哪怕晚一点，也会来临。

1991年5月，集团公司将工作重点放在空调的生产上，由于朱江洪之前在工作上的良好表现，他被调任为海利空调器厂厂长。

刚上任之时，朱江洪还带着一批技术员做出了海乐牌鸿运扇，但是由于缺乏经验，一直没有想起来注册商标，等到想起来的时候，商标已经被别的厂商注册了。

一个公司没有商标哪能行？朱江洪马上找来单位几个骨干，别的事情没有，只有一件事——想商标，他直接说："今天大家什么也别干，哪儿也别去，就坐在这儿想商标，想不出来谁也不许回家！"

名字起了一个又一个，但都不是很满意，到后来翻起了英文字典。后来，无意中翻看到了"glee"这个单词，寓意为快乐，中文发音类似"格力"。他们取名Glee，希望生产的空调"格外有力"。格力品牌在这个办公室内正式创立了。

改名的报告送到集团总部以后,集团对这个名字也很满意,让下面的分公司都用这个名字。当时集团之下有好几家企业,有些并不愿意用这个名字,有人说新的名字没有原来的名字有感情,也不被外界熟悉,不好推广,几次后就不了了之了,只有朱江洪他们仍然坚持用了"格力"这个名字。

后来格力逐渐被同事们接受了,接下来就是要让客户接受了。经过一年的努力,海利正式更名为格力,格力时代重装起航!

从朱江洪的任职经历来看,他是个具有很强烈的商业直觉的人,能够在大家都没有发现商机的时候看清市场的动向。这是董明珠愿意跟着他干的原因之一,她由衷地钦佩朱江洪的眼光。

为什么很多企业在发展之时,都会出现后力不足的情况?这主要是因为企业的领导人缺乏眼光。一个企业想要发展稳健、迅速,必须认清自身的优劣和市场所需,掌握供求关系,才能拿到促成交易的那把"钥匙"。

虽说不同的人有不同的看法,但是市场只有一个,并不是每个有想法的人都能掌握市场的脉搏。董明珠在与朱江洪合作的时间里,学到最多的就是对市场的把握,遇事之时以他的眼光看待问题,渐渐地就形成了自己独特的商业视角。

在空调销售上,董明珠便看到了朱江洪的独特视角。

一直以来,日本品牌的空调都是热销产品,单类型就比国内丰富,有窗式、分体式和柜式等各种型号,其中备受国内消费者青睐的一款是窗式空调,但是日本国内却一直推崇分体式空调。

分体式空调,顾名思义,就是我们常见的压缩机在室外,冷风主机在室内的一种空调,这种空调起源于日本。它之所以是分体式的,一是为了减少压缩机的噪音,二是为了减少空调体积,让人们的居住空间更大一点。

当时国内消费者并不接受这种款式的空调,但朱江洪看到了商机:同样是亚洲人,同样不大的居住面积,这种空调一定会成为国内的主力军!

但是,这种空调有一个致命的缺点,因为距离过远,接口密封不严时,其内的氟利昂很容易泄露,需要每年添加氟利昂,既不方便,也很浪费。

朱江洪发现了这个缺点后,一直想办法改变。他通过多方面了解,掌握了这种空调的制造技术,也一直在想办法改掉其固有的缺点。同时,他还加快引进这种空调,他相信这种空调一定会有市场。

之前,董明珠尚不敢确定这款空调的市场会怎样,但看到成品之后,她打消了顾虑,展开了分体式空调的推销工作,也正是因为这次抢占先机,让格力大赚了一笔。

多年以后,朱江洪退出了人们的视野,接替他的是董明珠,董明珠除了学习他的管理之道,也同样习得了他的睿智和眼光。这是董明珠之福,也是格力之福。

◎ 市场：不靠价格靠才情

当时，为了了解市场情况，朱江洪向公司提议考察华东地区。为何选择华东地区？原因有二：其一，格力在这里有客户基础，如果连这里的情况都不乐观，何谈其他省份呢？其二，基于董明珠在安徽取得的佳绩，可以借这个机会把她的经验分享给其他地区的销售人员。

格力的领导班子一致通过了朱江洪的提议，朱江洪在去往安徽前给董明珠打了个电话，让她准备一下。董明珠接到电话后，安排了一下自己的时间。当时他们的第一站是合肥，董明珠在合肥接到朱江洪时，发现来考察的只有他一个人。

朱江洪拎着一个行李包从飞机上下来，完全没有老板的架子。董明珠见到朱江洪也感到惊讶，平时只听说他喜欢一个人出差，没想到他真的一个秘书都不带就出来了，她心里别有一番感触。

董明珠陪朱江洪到她主要跑的几个市场了解了情况。在铜陵，朱江洪第一次感受到了董明珠的工作能力，很多经销商慕名而来，有的谈了下次的合作，有的说了这次合作的感受。

在这里，董明珠和朱江洪听到最多的就是："我们没有去过格力，为什么觉得可以相信格力呢？因为我们觉得，你们的业务员水平这么高，你们公司的管理水平一定更高，我们有信心做格力这个品牌。我们相信在不久的将来,格力在安徽一定有更大的发展。"

经销商们言语友善、主动热情,这让朱江洪大为吃惊,他一改早前对经销商的印象。同样吃惊的还有董明珠,原本只顾着跑业务的她从没意识到自己会有这么好的人缘。听着这些赞赏之声,她都有些不好意思了。

董明珠还向朱江洪介绍了自己在铜陵联系供电局的事情,朱江洪觉得这是个新思路,两人第二天一同来到了供电局。

在供电局,负责人热情地介绍产品和体系,他们还提起了董明珠,说起她第一次来时的样子:"小董穿双黄球鞋、背个黄书包,像个下乡知青。女同志能吃这样的苦,不容易,咱们做格力吧!"就这样,他们选择了格力,董明珠也选择了他们。

到了安庆,经销商们说得更实在了,他们说董明珠说话有水平,跟其他牌子的空调业务员相比特别有文化,把他们都讲晕了。不仅如此,他们还提到了董明珠身上有而其他销售人员没有的——积极主动的售后工作。

一个经销商干脆直接地说:"其他的销售员一听到售后的事,都烦得要命,只有董明珠不这样,听到是售后的事马上就处理了。就凭这一点,我就愿意相信她。"说完还直夸董明珠的工作能力强。

听到他们说这些,朱江洪感到很欣慰,如果每一个员工都像董明珠这样,那就不愁空调销路了。可是,董明珠听到这些还是有些尴尬的,一来她从不是一个把成绩当面说出来的人,二来她也怕朱江洪误会这些经销商都是自己找来的。

渐渐地,朱江洪也打开了自己的话匣子,他向董明珠说明了这次考察的目的,表示对格力的现状很是担忧,除了安徽以外,其他地区的空调销售情况都不乐观,尤其是江苏地区,原本是富庶之地,可格力空调的销量却不怎么样。

听了朱江洪的话,董明珠也很着急,只有自己的安徽地区好,并不能壮大格力,整体上的提高才更有助于公司的发展。在合肥,董明珠带朱江洪见了之前热情帮她的那位总经理。

那位总经理首先讲述了与董明珠合作的始末:"本来我们是要转型的,还没有考虑好时,董明珠就找上门来了。董明珠不仅介绍了格力的产品,还介绍了整个行业的发展前景。"他接着笑着说道,"是董明珠的热情打动了我。在这次合作之前,我并没有到厂考察过格力公司,也没有买来格力的产品试一试,但在市场上闯荡了这么多年,自信还有一点直觉,我信得过董明珠。"

事实胜于雄辩,他看人看事的眼光独到,加之有董明珠分析市场,效益还不错,赚了几十万。

董明珠以热情打动了客户,以实力稳定了客户。不仅是在合肥地区,其他地区也是一样,她每每都是用热情和实力说话。

这次考察给朱江洪的触动很大,他发现董明珠与之前自己接触的其他销售人员不太一样,她仿佛时刻都充满着热情,不单纯以完成工作任务为目的。他此次考察的目的是想带动格力整体的积极性,他觉得董明珠就是突破口。

跟着那位总经理逛了逛合肥的市场后,两人又辗转他市。这一路上他听到了很多对董明珠的赞扬之词,技术出身的他也由衷地赞扬起董明珠来。

安徽是一个经济欠发达的省份,空调在这里还没有普及,许多老百姓也不认可空调,认为它费电、费事,根本不愿意买空调。但就是在这种现实情况下,董明珠却做出了超乎他想象的成绩,其中付出的精力可想而知。

不仅如此,董明珠在安徽推广空调的方法也是一种创新。在这么多省份中,只有董明珠一人想到了与国家部门合作,并且也取得了可喜的成绩,这实在出人意料。

想到这儿,朱江洪更加着急,他想在其他地区也推广这个办法,尤其是在比较富饶的江浙地区,如果能够成功,其中的收益一定会更大。

第三章　敢想，敢拼：我就是董明珠

董明珠从来都不是一个骄纵的人，一直以来，她更看重的是提升自己的实力，面对诸多表扬，她是十分害羞的。对于朱江洪的肯定，她十分感激，唯一能回报的，就是更加努力地工作。

没用几天时间，董明珠仔细想了其他几个省份的优势、劣势，做出了几个方案给朱江洪。朱江洪看了之后，觉得方案很好，但还需要合适的人来执行。

带着这样的疑问和董明珠的经验，朱江洪回到了珠海，在公司内部展开了很多讨论，把他从董明珠那里了解到的情况一一道出。很快，他们想出的办法是：将整个市场来个清盘活动，第一个清盘的就是江浙地区。

朱江洪走后，董明珠又继续开始跑安徽的市场，虽然几个主要城市的销售工作已经告一段落，但后续的服务工作仍然很重要，想要让安徽更多的城市知道格力品牌，就必须这样做。

董明珠在安徽市场像个救火队员一样，哪里有问题就跑去哪里，很多合作商看到她这么辛苦，都劝她多休息，可是每次一有事情，她还是会直接到场，合作商都有些不好意思了，直接说："下回还是我们自己解决吧，害你跑了一趟。"

这样友善的合作商，董明珠很愿意与他们达成长期的合作关系。同样地，他们也愿意与董明珠这样实在的人打交道，一来二去，董明珠的订单越来越多。

董明珠就是在不断"救火"的过程中收服了合作商的心。直到今天，格力的一些订单还是那时攒下的，每次有了新的产品，销售人员与他们通完电话，订单就来了，甚至不用看到产品，他们就愿意进货，这些"人情"都是董明珠的。

当然，也有很多商人不屑于董明珠的做法，认为打人情牌不该是商人所为，但是出色的服务态度是任何企业都不能丢掉的，而产品才是核心，董明珠正是靠产品留住人心，靠服务和人情让格力深入人心的。

◎ 和南京有个约会

朱江洪对安徽市场的情况已经了然于胸,接下来他要去自己最期望但结果最不理想的一个地方——江苏南京,他这次考察也叫了董明珠同去,希望她能够从销售的角度提些意见和建议。

就这样,两人一同乘车到达了南京。自古以来,江浙之地就富庶,景致也漂亮,一直有"上有天堂、下有苏杭"之称,但是这里却有个难以弥补的缺憾——夏季太热。这里的高温天气持续40多天,地面温度经常在四五十摄氏度,因此这里也成了全国空调企业的竞技之所。

虽然天气灼人,让人难以忍受,但给空调厂商带来的却是天赐的机遇,可是朱江洪的心里却不是滋味,因为在这样一块宝地上,格力的空调业务连年下滑,甚至不如安徽市场的销售情况。

南京地区的空调市场很火爆,有十几家大商场都在卖空调,其他售卖空调的小商场更是不计其数。

董明珠一直跑市场,自然熟悉其中的门道,她提议先了解一下南京的市场再做打算。两人走了几家商场,售卖格力空调的寥寥无几,与其他品牌一比,销售情况更是惨不忍睹。

他们敲开了一家商场的大门,见到经理后,董明珠先介绍了一下自家空调的优势,再聊了聊其他地区的销售情况,希望能够达成合作协议,但对方一听说是格力空调,便目中无人地说:"格力?没听说过。"

连续几家商场的情形都与这家相似,两个人除了碰钉子还是碰钉子。偌大的南京城,空调市场如此火爆,竟然没有格力的容身之处,这让两人不免有些沮丧。

不幸中的万幸,两人终于在一家商场内找到了格力的踪迹。面对经理,两人很是感慨,表明自己的身份,但是对方一点也不热情,很冷淡地说:"你们的货很不好卖啊!"

董明珠看了眼朱江洪,表情很尴尬,朱江洪开口问经理:"到底怎么个不好卖,我们想听听您的意见。"

听了朱江洪的话,对方像打开了话匣子一般,从产品设计到销售,连售后服务等多个方面他都表达了不满,与其他牌子的空调更是没法比。尤其是售后服务这一块,经理表示根本就找不到格力空调的售后人员,有时候想搭配一些其他样式的空调,根本找不到人。

这一段话,字字都如利刃一样扎在董明珠和朱江洪的心上,两人如坐针毡。终于等经理发完了牢骚,朱江洪诚恳地表示格力的工作的确做得很不到位,而无论这位经理说的是否全部属实,面对南京的空调销售量,他确实感到有愧。

交流的空当儿,他和董明珠发现经理的办公室里摆着一台格力空调,看样子也已经使用了很长时间。

两人注意到,这台空调还是早期的海利空调,这种型号的产品在安徽早就不见踪迹了,但这里却还有,说明格力在南京市场上的销售情况确实不乐观。

抱着试试的心理,他们敲开了第二扇门,这次他们彻底了解了南京市场。第二位经理和善得多,没有为难他们。二人问了很多关于南京市场和江苏市场的事情,对方基本上是知无不言、言无不尽。

其实,这家商场没有与格力合作过,但是经理很热情,就算现在没有合作,不代表以后都不会有合作,因此他从不得罪别人,也愿意帮助一些有困难的厂商。他说:"都是干这个的,多照顾一下是应该的。"

董明珠和朱江洪就是在他的介绍下,开始深入了解南京市场。两人不由得感慨,要是每一个经销商都能这么热心,那么南京的业务也不至于这么难谈。

紧接着他们找到格力在当地的销售人员,询问了南京的情况。原来,南京的空调市场虽然火爆,但是有太多如格力这样名不见经传的小厂商,市场开拓起来确实不容易。他们现在采取的打法是游击战,打一枪换一个地方。

没有正规的销售渠道,只能靠散户,300万的销售额都是勉强维持。董明珠打心底里觉得可惜了这块富饶的地方。

获悉了南京的情况后,朱江洪更是大赞安徽的销售情况,他说:"只不过跨了一个省,怎么像是到了两个国家?"尔后又感叹:"看来,这不是市场的问题,而是人的问题啊!"

其实董明珠早有这样的感受,但是她不方便表露出来。与之前安徽考察时经销商的热情相比,这里简直太冷淡了,没有人在意格力这个品牌,自然也没人在意这家厂商的董事长和经理。

董明珠很理解经销商,这和她初到安徽时的情形也是一样,很多经销商不待见她,因为无利可图。慢慢地,他们接受了她,因为格力的产品,也因为董明珠的热情。有质量和服务的双重保障,怎么会被经销商拒绝呢?说到底,还是南京市场没有开发好。

在这之后,他们继续走访南京市场,无论商场有没有格力空调,他们都愿意进去看看、聊聊,为以后的销售打基础。大多数的经销商还是很客气的,但也有一小部分经销商对格力嗤之以鼻,但就算这样,也是一种收获,起码了解了经销商的态度。

南京的情况了解完,他们还去了常州,这里的情况也不乐观。没见过格力产品的商场不敢进货,接触过格力的商场更不敢进货,因为不好卖。

一时间,两人陷入了两难的境地,他们也在这样的拒绝声中考察完了江苏较发达城市的空调市场情况。这次行程,给董明珠和朱江洪都留下了很深的印象。

江苏市场的考察告一段落,朱江洪要回珠海总部,而董明珠要继续驻扎在安徽。朱江洪离开江苏之时,面色凝重。

董明珠开导他道:"一个地方不行,换个地方再打,不会一辈子不行的。"

其实董明珠心里知道,她说的话虽然好听,但做起来是难上加难,如果再放任江苏市场不管,格力的名声就坏了,很难再重塑形象了。

朱江洪面对董明珠,仿佛有话要说一般,但最终没有说出口,董明珠知道他心里在酝酿着一项决策——她离开安徽的日子不远了。

在之前调查时,朱江洪就有意无意地透露出想让她来江苏发展的想法,但是董明珠既没有拒绝,也没有接受,一方面她不愿意离开一直打拼的安徽市场,一方面又不忍心看着江苏市场一蹶不振,她的内心也在纠结着。

安徽市场是她一手打拼出来的,有着极深厚的感情,而且很多客户关系是刚刚维护起来的,如果她现在离开,对安徽市场也是个不小的打击。这些想法,一直在她脑子里盘旋着。

可她的心中还有另一个声音,是朱江洪发现了她并给了她机会,知遇之恩应当涌泉相报,只有安徽市场的蓬勃,并不能让格力更快更好地发展,整体的提高才是真正的进步!

朱江洪对董明珠是有知遇之恩的,如果不是他发现了董明珠,让她有机会在市场上开疆辟土,她日后也不会得到"销售女皇"的桂冠。就算在所有人都不支持董明珠的时候,朱江洪依然相信自己的选择。

同样,董明珠内心也很敬佩这位董事长,朱江洪一心扑在格力上,没有怨言,没有任何业务上的纰漏,但一个人并不能挽救整个格力,他还需要同伴,他选择了董明珠,董明珠也愿意为格力尽力。

没过多久,董明珠就来到了江苏这块富饶之地,继续她的销售事业。

改变,在任何事物、任何人身上都是痛苦的,因为改变意味着抛弃现有的状态,重新投入另一种状态中,无论在哪个方面,转变原本状态的过程,都会是个"流血"的过程。

第三章 敢想，敢拼：我就是董明珠

◎ 哪里有董明珠，哪里就有业绩

自古以来，江浙都以富庶闻名。江苏市场是块大蛋糕，这谁都知道，但想要吃到这块蛋糕，就没有那么容易了。

安徽市场的格力空调销售额以1600万元的佳绩收官，这是江苏300多万元的业绩无法相比的，按常理来说，安徽市场不可能取得这样的成绩，双方换过来还差不多，可事实就是如此。因而，朱江洪觉得自己必须有所行动。他不是一个坐以待毙的人，发现了问题就必须解决问题。

与董明珠一起去南京的经历，让他意识到江苏地区确实是一块不好开展销售工作的区域，但是又是一块不能放弃的大蛋糕。

距上次去南京考察过了一个月后，董明珠回到珠海总部报账，朱江洪叫住了她。

两人在办公室内聊了聊最近销售的情况，还对安徽市场做出了整体的分析，最后朱江洪问董明珠："小董，你能不能把江苏市场也拿过去？"

上次考察之时，董明珠就知道朱江洪想让她接手江苏市场，但她心里是打鼓的，安徽市场刚刚摸熟，明年的销售额基本会有保障，现在换区域，很可能会竹篮打水一场空，白白让人看了笑话。虽然心里有这些顾虑，但是她愿意相信领导，相信格力，同样，也相信自己——既然可以搞定安徽市场，那么其他地方也一样！

就这样,董明珠来到了江苏,来到了这个真正成就她的地方。

江苏地区的格力员工自知销售业绩糟糕,人人自危。面对董明珠的到来,自然是消极应对,甚至给她来了个"下马威"。

刚到江苏,董明珠不熟悉业务,老的业务员就吓唬她:"江苏市场并不比其他地方,很多业务员去了都无功而返,初来乍到,还是少说话的好。"董明珠没有说些什么,她心中暗想,只要有了成绩,也就有了砝码。

除了同事的不待见,还有来自上司的刁难。按照常理,上面派来的人应该好好相处才是,怎可刁难?但是这位主管偏偏反其道行之。他不但没有帮董明珠调查搜集信息,还在董明珠要样品时百般刁难:"这可是最新型的样品,我们这有规定,不能随便外借,坏了算在谁头上呢?"

董明珠据理力争,主管却拿白眼相待,最后她无可奈何地说:"上面派我来是让你们帮着协调工作的,我又不是来抢工作的,何苦为难我?"

也许是怕事情闹大不好收拾,也许是觉得自己做得太过分了,主管只得放行,董明珠最后还是拿到了机器,在跟客户谈条件之时,也更有了底气。

董明珠对于同事的冷嘲热讽并不回应,但心里盘算着如何才能让他们信服自己。一次,一个业务员拉着脸回来,同事一问才知道是遇上了一个难搞的角色,说以后再也不去碰这个钉子了。董明珠拿过资料,想暗自拿下这个"老顽固"。

那么多人都碰了钉子,一想就知道是个难差事,可是她不怕输。她想先去找这块"石头"谈谈,试试他的软硬。谈不拢之后,她就采取常见招数——软磨硬泡。也不谈卖空调,只要有空去就请教人家生意经,一副虚心请教的姿态。

按理说,两人非亲非故,对方只要一口拒绝就行了,可怎奈董明珠一副虚心求教的低姿态,让人家也不好意思说太难听的话。

时间长了,这块"石头"终于不那么硬了,他拍板下了一大笔格力空调

第三章 敢想，敢拼：我就是董明珠

的订单，他以为这样做就可以摆脱掉董明珠的"纠缠"了，结果第二天，董明珠照样登门拜访。这块"石头"认识到董明珠的倔强，很是欣赏，后来他成了董明珠的长期合作伙伴。

显而易见，与其说是董明珠打动了他，倒不如说她因人而异的推销方式让她谈成了一笔长期的生意。

这场漂亮的翻身仗，让董明珠的形象在同事眼中有了改观。他们看董明珠拿回了订单很是惊讶，但还是无法接受这个"抢饭碗"的同事。

董明珠还是跟往常一样热情地跟同事打招呼，完全无视同事的冷淡，久而久之，同事们觉得她是个还不错的人。而同事们彻底改变对她的看法，是她不计前嫌地帮了同事一个忙。

自董明珠来到江苏之后，就有一位同事对她态度很不友好，董明珠一直不在意。一次，那位同事家里有难，急需用钱，其他同事东凑西凑还是不够，董明珠因为前一年的销售业绩好，拿的提成较多，有一笔存款。因此，她二话不说，拿出了一部分钱借给了同事，那位同事很感激她，她却说："我们是同事，不用这么客气，到时候还给我就行。"

她的一番话让这位同事很是愧疚，从此，在同事们眼中，董明珠的形象"伟岸"了许多，大家都知道她为人和善，但硬气起来也绝不手软。因为在很多人眼中，董明珠霸气十足。

一次，董明珠跟一位老板谈合作，这位老板派头十足，董明珠想要跟他谈生意，他显得很不在意，一心想聊些别的话题，那些话题无非就是哪行赚钱，他有多大本事，多么了解行情。

董明珠忍无可忍，直接告辞。这下换这个老板坐不住了。原来他的企业只是个中等规模企业，对董明珠来说，他的企业空调需求量并不大，没有能力还摆谱，董明珠从内心很反感这样的商人。等了几天，这个老板还没有等到董明珠的电话，他只好主动联系。

接到电话，董明珠好言好语地说："讲诚信谈合作，你对我真诚，我也会对你实惠。"一句话,既打压了对方的嚣张气焰,也谈成了生意,一举两得。

从董明珠的"生意经"中可以看出,她谈生意与其他业务员最大的区别就在于因人而异。如果上面所说的"石头"换了个人,相信董明珠就不会用同样的方式对待了。很多人业务做不好,自己不知道原因,明眼人一看就明了,拿着本话术,背得滚瓜烂熟,可是那种话术符合消费者的心理吗?

董明珠懂得"具体问题具体分析",她运用自己的销售法则,在市场上独辟蹊径,越来越多的合作商找上门来,她手里的订单越来越多,很快,江苏市场也随之打开了。她在这里不仅取得了很好的销售业绩,还学到了很多销售知识。自此,格力开始流传一句话:哪里有董明珠,哪里就有业绩。

1993年,董明珠用她的辛苦和付出换来了3650万元的格力空调交易额,这是1992年整个江苏地区交易额的10倍,人们以为她已经到达事业顶峰了。但是第二年,董明珠又一次让他们震惊了。1994年,整个江苏市场的格力空调销售量达到了1.6亿元,格力占据了江苏市场空调品牌"探花"的位置。

在刚开始紧抓江苏市场时,董明珠并没有放弃安徽市场,依靠与客户良好的合作关系,也实现了安徽市场5000万的销售量,若把安徽与江苏市场的销量相加,董明珠一个人就卖了整个格力1/6的空调。到了第二年,这个比例变成了1/5。

这个数据,足以让董明珠笑傲格力了,她对这一行已经相当精通,如果继续做销售,她必然是安稳而又自由的,但她却有着一颗躁动的心,她想接受更大的挑战。

Chapter 4

第四章 做自己认为对的

◎ 临危受命,不忘初衷

在格力全员的共同努力下,公司业绩蒸蒸日上,产品更加精良,销售情况也越来越好。而就在格力前景一片大好的时候,发生了一件大事。

看到格力取得了好成绩,很多空调生产厂商都眼红了。其中有一家厂商采取了不正当的竞争手段,该厂经理找了几个格力的老员工谈话,用高工资利诱了他们,让他们跳槽,这其中包括格力的销售副总、销售人员和财务人员。

无论在哪儿,这种恶性的竞争手段都存在,同行们也一直在抵制这种竞争,因为这对于很多公司来说是很致命的。尤其是像格力这种刚刚走上坡路的公司,突然损失这么多员工,影响巨大。

朱江洪获悉消息后,一时间犯难了,格力的后续发展怎么办?很多人劝他找几个离职的员工谈一谈,毕竟一起工作了那么长时间,还是有感情的。但是朱江洪不同意,他认为道不同不相为谋,既然他们是不注重团队、不念旧情的人,即使这次挽留下来,也还会有离开的那天,他认为眼下最主要的是找到合适的人来补位。

面对当前情况,董明珠第一个出现在了朱江洪的脑海里。通过与董明珠的多次接触,朱江洪知道她是一个很有责任心的员工,在困难面前不退缩,一心只为格力好。

可并不是每个人都在为格力着想。朱江洪本想任命董明珠为经营部部长,让她主抓营销,把因人才损失而落后的销售业绩抓上来,但是内部的反对声音很大,就算朱江洪再怎么奋力争取,也没有办妥,最后董明珠只能担任副部长一职。

至此,董明珠离开了自己奋斗三年的销售岗位,回到珠海,回到格力的总部,出任格力经营部副部长。此时是 1994 年 10 月,是一个值得记住的时刻,这也是一个改变董明珠一生的决定,更是格力的转折点。

董明珠的到来,彻底改变了格力的现状。原本,朱江洪就对格力的人事和销售问题不算上心,他把这些都交给了副总,自己主抓产品。为此,别人还弄出一个口号,说他"一不抓钱,二不抓人"。

来到格力总部,董明珠发现这里的问题的确不少,朱江洪把很大的控制权交给了她,让她可以不用顾忌地大胆改革,在朱江洪的支持下,董明珠便放开手脚了。可是,来自公司内部的阻力依然很大。

公司内部的很多人不服董明珠,工作中处处不合作,而且他们都觉得她在副部长的位置上肯定干不长。当时,董明珠做销售,一年有几百万元的提成,可是调到总部后,一年薪水还不到十万元,所以大家才觉得她在这

第四章 做自己认为对的

里待不久。可是,他们想错了。

面对同事们的不配合,董明珠并没有多说什么,就像看不见一样,依然做所有她认为对的事。

一次,午休时,她在办公室的椅子上睡着了,有同事路过,听到她说梦话都是在说格力的事情,于是开始逐渐改变对董明珠的看法。有些同事还是照旧,继续刁难着她。有时候,董明珠主持开会,本是想多询问一下最近的营销情况,但是会上大家支支吾吾,很不配合,甚至有人私底下说董明珠狐假虎威,拿着鸡毛当令箭。类似的难听话还有很多。

就算是这样,董明珠也没有震怒,本来她是个直脾气,却意外地忍了很多。销售出身的她,最在乎的还是业绩。

她经常找销售骨干谈话,询问全国各地的销售情况和销售时遇到的问题。起初,销售人员不在意,但是时间长了,大家都觉得董明珠这个人很能吃苦,不服输,也就愿意和她讨论销售的事了。

久而久之,董明珠跟他们也"不客气"了。一次,会议讨论如何改进现有的营销模式,大家说不出个所以然来,会后董明珠很着急。晚上睡觉时,董明珠也一直在想这个问题,半夜突然惊醒,她想到了一个好办法,赶快找来纸笔记下来。

这还不算完,她还给一个平时关系好的同事打去电话,一起讨论,同事听到是关于改进营销模式的,心里不禁连连叫苦,但还是陪着她讨论完。

第二天,董明珠马上把自己的想法跟营销人员分享,让他们实践,在实践中逐步改进,以便能提升格力的营销能力。

回到珠海工作的董明珠,每天只睡 5 个小时,其他时间不是在找问题,就是在解决问题。安徽的"救火队"来到了珠海,仍然是"救火队",而且救的是更大的"火"。

此时距离董明珠离开安徽市场并不算久,很多安徽的老客户打来电话,询问董明珠为什么离开安徽,她没有过多的解释,很多客户开始劝她回来，并说："格力的业务只跟董明珠谈。"一时间，安徽的销售陷入僵局。

董明珠请示朱江洪该如何是好，朱江洪仍希望她能够留在格力总部工作，但是给了她几天时间回去安抚安徽客户的情绪，毕竟眼下的格力是绝对不能丢掉安徽市场的。

董明珠再次返回安徽市场，处理安徽客户的情况。她一回去，总部这边就炸开了锅，虽然回去前，大家知道她是去处理销售问题的，但是日传夜传，也就变成了"董明珠不回来了"。

短短几天，传言愈演愈烈，还有说董明珠打算自己单干的，直到董明珠回到珠海，这种谣传也没有停止。直到她继续像以前一样没日没夜地工作，谣言才逐渐消散。

回到珠海后不久，董明珠马上召集营销人员开会，把这次回到安徽地区的经验拿出来分享，并把自己在安徽地区的营销方案一并展示出来，告知大家为什么自己离开了安徽地区，客户还会打来电话。

会议上，气氛紧张，因为在场的销售人员都是主动给客户打电话，求客户合作，如果不是出了什么问题，客户是绝对不会打来电话的。虽然他们不认可董明珠，但是她的成绩摆在那里，在场的所有人都服气。

他们七嘴八舌地提出问题，董明珠一一解答，把自己的经验和方案毫无保留地分享出来。

有人问她："你不怕教会了徒弟饿死了师傅吗？"

董明珠笑着说："就怕你们不学。"

格力的销售人员通过运用董明珠传授的方法，果然提升了业绩，他们对董明珠的看法也有了改变，开始喜欢主动问她营销的知识了。

这种改变，是董明珠希望看见的，每次有人问她营销的事，她总是把自己的事情放下，竭尽所能帮助他们，讲得人家问不出来了才肯罢休。

在尽职尽责的董明珠的带领下，即使被挖走了骨干，格力的销售业绩也没有太多下滑，甚至有些地区的销售额不降反升。

第四章 做自己认为对的

董明珠的销售能力是大家有目共睹的,她一人可以支撑整个安徽地区的销售,而且取得很好的成绩,在总部也有所作为。这些成果,就连竞争对手也看在眼里。于是,当初挖走格力员工的那家厂商找到了董明珠,跟她谈了很多美好的前景,还打出了情感牌,一说董明珠的很多同事都已经跳槽到那边了,而且待遇很不错;二说朱江洪这个人,只懂得自己搞技术,从来不问下属,在这里干再多的活儿也得不到一点认可……

董明珠听着他说格力的种种缺点,没有反驳,认真地记录下来。对方看她没有回话,停下来问她,她爽朗地说:"谢谢你给我们格力指出这么多问题,我回去会改正的,至于去你们那还是算了,我脾气大,就不给贵公司添麻烦了。"

一无所获的厂商只能认栽,最后再次表明来意和公司前景就结束了这次谈话。董明珠怕这次会面引起不必要的争论,在格力从没有提起过,但世上没有不透风的墙,朱江洪和同事们还是知道了。

董明珠的做法,让朱江洪感动,觉得自己果然没有看错人。而董明珠还是一如既往地为格力劳心劳力,在充满诱惑的商海洁身自好。

◎ 难缠的"债"

任何一家企业在成长的过程中总会遇到各种问题，这些问题，也是考验企业能否突破现状，向更高的层次迈进的标尺。很多企业之所以不能延续下去，很大程度上是因为领导人短视和畏首畏尾，这导致它们无法突破自我，破茧成蝶。

董明珠处理完人事的问题，面对的最棘手问题，就是公司债务问题。在她上任之前，账本上就记录了5000多万元的债务。

董明珠想起了刚到安徽的日子，想起了自己第一次讨债的经历，面对债务问题，她有些犹豫。但是，公司想要发展，就必须摆脱债务问题，当时很多公司就是因为不堪债务重负才倒闭的，格力不想重蹈覆辙，就要敢于做"第一个吃螃蟹的人"。

董明珠在查账过程中还发现，虽然债务往来有记录，但是没有明确的票据依据，很多债务没有证据，如果遇到不讲道理的合作伙伴，这些钱就只能打水漂了。

她找到朱江洪商量对策，但由于朱江洪接管格力的时间并不长，加之一直把心思放在研究格力产品上，也没有留心账目问题，因此面对这个难题，他也没有什么好办法。

朱江洪意识到债务问题严重影响格力的发展，是格力的当务之急，他马上召开会议研究处理办法。大家本来以为出了什么事情呢,这么紧急地召开会议,得知原委后,很多人表现得不屑一顾。

董明珠很着急,也很奇怪,这本是一个关乎公司安身立命的问题,他们为何如此不重视呢?原来,格力一直存在债务问题,甚至这个问题被一些业务人员利用,他们在跟客户谈销售时,主动让利,说可以先交货后付款。慢慢地,大家都养成了这样的习惯,也就见怪不怪了。

当时的格力,人浮于事的现象很严重,员工并没有把格力当成自己的家,也不在乎它的发展,只要发工资就行,少有像董明珠、朱江洪这样尽心尽力的人。

虽然现实如此,可是问题还是要解决的,开会并没有研究出具体的办法,董明珠和朱江洪都很焦急,最后两人商定,先由董明珠来解决债务问题,之后再负责营销。

董明珠决定先从大的账目着手。她看到账目中有一笔来自济南的大数目欠款,但是除了数目的记载,再无其他,既没有责任人,也没有欠条类的证据存在,这如何追查?她叫来会计,想找到负责的人好一同去要账。可是会计的回答让她很无奈:"时间太久了,早就不知道是谁谈下来的了。"

没有相关的记录,就无法知道准确的债务信息,她只能逐一去问销售人员。虽然几个销售人员有区域划分,每个人负责一个区域,但是因为并没有硬性要求,很多人都搭伴干活儿,加之公司内部人员的调整,所以在一段时间内,销售人员负责的区域是混乱的,很不好追查。

问了几个人,董明珠都没找到这笔债务的"罪魁祸首",无奈之下,她只能亲自联系,希望对方是个明事理的商人。

好在还有电话可以查到。怀着忐忑的心情,董明珠拨通了电话,对方声称没有这回事,让董明珠仔细查完账目再谈。

既然对方不认账,只能继续查、继续确认。董明珠在几次对账后,明确了欠款的数目,与之前并没有差别,她可以确定格力没有收到这笔款。她想好了说辞,再次拨通了电话。

对方听明董明珠的意图,直接吼道:"没有证据你就说我欠你钱,人人都这么来要账,我的公司不完了吗?"自知是格力的疏漏,董明珠只得好言相劝,晓之以理,动之以情。但是无论她说什么,对方都咬定没有证据说明自己欠钱。

无奈之下,董明珠找人商量,要不然亲自去一趟济南,起码伸手不打笑脸人,也许能够成功呢?

到了济南这个陌生的城市,董明珠并没有感到温暖,而是冰冷,与安徽要账时一样的冰冷。

董明珠三番五次地找到这家经销商,但每一次都被没有单据给堵了回来。最后,对方甚至将她拒之门外。这次要账失败,也意味着格力损失了100万元。

这时,董明珠接受管理任务为时不久,对于管理的学问还没有吃透。她常想,如果是自己销售时期的债务问题,就可以硬气,甚至是霸道地回应对方,但是面对这不知是谁留下的债务问题,她也不清楚其中的具体内容,很难理直气壮地和对方沟通,这让她遭受到了前所未有的打击。

她颇有些丧气地回到珠海,仿佛之前在安徽取得的成功都不复存在了,她心里记得的只是这次要账的失败。不过,她从来都不是一个自暴自弃的人,没过多久,她又重拾信心,并下定决心改一改格力现有的营销模式,尤其是财务方面,她不想再这么没有底气地去要账了。

之后,董明珠又去了几家厂商那里要账,陆陆续续要回了一些欠款,但还有一些只能石沉大海了。

打这之后,董明珠制定了新的收款方式——先付款后交货。这与她在安徽实行的付款方式一样,但是总部的很多人接受不了。他们认为董明珠实在太异想天开,根本不理会已经采用先付款后交货的安徽地区的成绩。

董明珠没有退缩,坚持自己的决定。有些人看跟她说没有什么用,直接找到了朱江洪,对他说销售任务不好完成,这样的制度根本就不合理,比格力名气更大的空调企业都没这么干,"我们会损失客户的",老员工们气愤地说。

面对销售人员的反对,朱江洪也有些犹豫了。一项政策,如果员工不支持,从心底抵触,就很难达到预想的结果,但是他知道董明珠所做的一切都是为了公司好,格力想要变得强大,这是必须要走的一步。快刀斩乱麻,长痛不如短痛,他坚决地站在了董明珠这一边。

朱江洪大力支持董明珠的举动,还对她说:"不要有顾虑,只要是为了格力好。"有了朱江洪的支持,董明珠也少了担忧,她硬气地回应那些不支持的人:"公司要发展就得这样,你们不支持,我也会执行下去。"

人家看到董明珠这么坚持,朱江洪也这么支持,也就只能顺从了。反对之声渐渐少了,加上之前安徽地区的佳绩,每个人心里好像都憋了一股劲。

很快,新的收款方式开始执行,虽然刚开始效果并不好,但是时间长了,员工也就慢慢接受了这项规定,也开始用这样的方法去谈业务了。

可喜的是,没过多久,开始有款到账了,一笔一笔,越来越多。这样的结果是大多数员工未曾想到的,原来并不被看好的销售方式居然被市场接受了。这件事,也让格力员工认可了董明珠的管理方式,对她说的话,也不再有那么强烈的反对声音了。

自董明珠坐上管理者的位置以来,她始终都在打破规则、制定规则,因此格力也一直处于行业的前列。她此次在格力全面推广的销售方式,极有针对性地在"债"上下了猛药,也让原本难解的格力债务问题得到了最妥善的解决。

◎ 下狠心，搞改革

董明珠初到格力的那段时间里，像个不知疲倦的人，四处奔波。一次，她外出谈业务，没留心车辆，一不小心被撞了一下，周围人马上把她送进医院。在住院时，她仍在处理格力的大小事务。有人说，格力又不是她一个人的，何必这么上心？

她虽明白此理，但却并不认同，她把自己与格力紧密地联系在一起，大有一荣俱荣、一损俱损的味道。格力就像是她的孩子，她一步步地扶持着这个孩子长大。人事的问题，债务的问题，还有各种新问题接踵而至，她刚在债务问题上得以喘口气，内部"毒瘤"发作了。

20世纪90年代，还是纸媒的天下，各个厂商都印宣传册、宣传单，格力也不例外。而董明珠这次要解决的问题，就是这小小的纸片的问题。

一张宣传单的市场价格是0.2元，可董明珠发现，格力一张宣传单的价格是0.88元，中间的价格差为何如此高？

从销售到管理的转变，让董明珠养成了一个习惯——发现问题，先找原因，而不是马上询问和责备。她了解了一下其他公司所用的宣传单的纸张和印刷情况，发现与自己公司的没有什么差异。这就奇怪了，价格的差异实在令人难以理解，除非公司内部有人捣鬼！

董明珠知道，如果公然提出质疑，很容易引起大家的不满，也不会找到元凶,所以只能暗中进行调查。她装作还未发现的样子,暗地里向同事们打听宣传单的事,没过多久,她就把目标锁定在一位同事身上。她叫来这位同事,直接摊牌。对方看她早已经知道了,也就不再辩驳,老实交代了。

其实,董明珠知道了也没想把他怎么样,毕竟是同事,既然保证不会再犯,也就没有必要深究了,但她还是要告诫一下有同样想法的人。

很快,大家都知道了董明珠是个眼睛里揉不得沙子的人,可是她却忽略了人对利益的渴求。

不久,董明珠又发现了一件类似监守自盗的事情。当时,除了宣传单之外,广告牌也是商家"必争之地"。正处于上升期的格力当然不会放过这样的宣传机会。当时,负责这项业务的人不知道通过什么渠道找到了一块广告牌,大家都很高兴,交钱了事,就不再过问了。

但是,董明珠接手后想去实地考察一下,看看还能做些什么,以便让这块广告牌发挥出最大的价值。结果,这块牌子让她大跌眼镜。

格力花了450万元立在机场的广告牌根本起不到宣传的作用,因为它背对着人流。这个广告牌的情况,公司内根本没人知道,或者说没人在乎。他们认为,公司的钱不用自己帮着省,怎么花都可以,甚至想把公司的钱收入私人囊中。

试想,什么样的广告牌值450万元?这其中肯定有猫腻!董明珠叫来了员工询问之前有没有负责人亲自去考察过广告牌,是谁定下来的。员工们告诉她,广告牌的事全由一名员工负责,经理等人也没有亲自考察过,员工自己就定下了这件事。

董明珠听后觉得很荒唐,这样的事情怎么能不经过上级就自己做主了?这完全不像是一个公司该有的行为,反而像是手工作坊的举动。她叫来这名员工,问了许多当时谈广告牌的事情,该员工支支吾吾,也不清楚是不是他负责的,还是自己变成了别人的替罪羊。

事已至此,纠结责任已经于事无补,最重要的是该如何挽回损失。难度可想而知,机场好不容易找了个冤大头,怎么会轻易放过?

董明珠找到机场的负责人,说明了格力的难处,看能不能终止合同,自己宁愿付些赔偿款也不愿再做这个广告了。对方很有礼貌地回复说:"一切照合同办事。"为了说服对方,董明珠说之后还会在机场投放广告,只是眼下想收回一部分资金,希望对方能通融一下。

不管董明珠怎么劝说,对方都一口咬定合同,她也无计可施了,只得记住这次教训。她回到公司后,把机场经理的话都告诉了员工,也把这种无奈、无法补救的心情传递给了员工,希望他们能够了解到,做一件事容易,但补救一件事就没那么容易了。

董明珠找到朱江洪,汇报了此次事件的情况,同时也表达了自己希望改革的决心,而这次改革绝不像以往那样可以轻松应对了,她要让员工们都知道,做错事情就要受到惩罚,没有一个公司会一味地容忍员工犯错,有自己在的一天,格力更是不允许这样的情况再发生。

朱江洪听了董明珠的讲述,了解了事情的前因后果,也十分气愤,痛斥了员工的这种行为,并且让董明珠严肃处理相关员工。但是提到改革,他有些犹豫。

之前关于付款方式的改革就在公司内部引起了不小的风波,格力正处于内忧外患之际,他怕过大的动作会让员工们动摇,如果这时候员工都走了,格力或许会濒临破产。

董明珠也想到了这一层,她之所以没有把事情扩大化,就是害怕出现类似的情况。可是这次事件实在太特殊了,如果不严肃处理,来个大洗牌,那么以后会不会更加严重?她一想到这些,头都大了。

雪上加霜的是,目前格力内部只有他们两个人想解决问题,其他人都在观望,也都在为自己打算,就是没有为格力做打算。

两个人研究了两天,把各方面的利弊都想了一遍,最后得出结论:豁出去干了,就算不改革,继续这样下去也不会有什么好结果,还不如快刀斩乱麻。有了朱江洪的支持,董明珠马上开始改革。

她还从朱江洪的手里要来了财政大权,所有对外的账目她都要亲自过目,以便从根本上杜绝吃回扣的现象。

其实这样的权力是很忌讳的,一般都由专人负责,但是朱江洪相信董明珠,董明珠也没有辜负他的重托。她首先严惩了宣传单、广告牌的相关责任人,并通报了全公司,情节严重的甚至直接开除。

一石激起千层浪,整个公司都炸开锅了,大家议论纷纷,他们很怕下一个被炒鱿鱼的就是自己。有一部分人感到恐慌,但是董明珠很开心,她收到了预想的效果,她就是想杀一儆百,让他们知道做了错事的恶果。

还有一部分员工冥顽不灵,认为董明珠挡了他们的"财路",他们联名想要轰董明珠下台,可是朱江洪坚定地支持董明珠,不仅没有把她赶下台,反倒让她升了职——成了经营部部长,直接管理他们。这下,他们不敢与之作对了。

董明珠升职后,更加大力地彻查账目问题,该追的追,该还的还,还在全公司范围内执行"先付款后交货"的原则,争取做到没有一分钱的外账。

她管理的经营部慢慢有了起色,账目逐渐明朗,销售额增长,同事间的关系也变得更加融洽了。虽然改革让大家并不怎么愉快,但干得好的员工得到的报酬明显比原来高了。只要认真工作的,董明珠都没有亏待他们,而且她只对事不对人,也不秋后算账,与之前的部长相比,她自然更得人心。

从处理这一系列事情上看,董明珠在管理上颇有天赋,虽然从未接受过相关专业的学习和训练,但面对这么多棘手问题,她却能妥善处理,并取得了不错的效果,这的确难能可贵。

经过她的改革,格力员工损公肥私的现象越来越少,账目也是清清楚楚,一目了然,格力内部变得愈发透明了。

◎ 只讲规矩，不讲情面

无规矩不成方圆，一个企业想要有长足发展，就需要"刮骨疗伤"，去除旧疾。董明珠的改革，就是这样一个"治疗"的过程。

早先董明珠作为经营部副部长，在主管销售员的销售任务时，对他们的职业行为也严加规范。对于格力的整体改造也是从这时开始的。

在董明珠调到总部之前，总部的销售员是全公司的"财神"，没人敢管他们。慢慢地，他们形成了自由散漫的行事风格，这是董明珠看不惯的。在安徽时，她负责整个地区，就算是没人管的情况下，她也坚持早早上班跑业务，晚上加班到很晚才回去。

这里的销售人员却经常迟到早退，平时也不聊业务，只知道吃瓜子看电视，跟董明珠跑业务时的情形形成了鲜明的对比。

在一个公司里，大家分工不同，各部门之间没有孰高孰低之分，都是在为公司服务，但很多人不理解或者说不想这么做。在很多公司，大家对销售部门有着不同程度的忍让，有什么福利先给他们，有什么重活也不用他们做。

久而久之，销售员养成了这样的风气，格力人也不自觉地沾染上了这样的恶习。董明珠想惩治一下这种不正之风。

这天，她一改平日的笑脸，严肃地说明了公司现在的情况，又道出了销

第四章 做自己认为对的

售人员行为不规范的事,几句话,让几个销售员无地自容,有的新人甚至羞愧地哭了。这是董明珠来到珠海后少有的大发雷霆的时刻。他们都没见过她这样,一时之间不太适应,也更怕她了。

董明珠对员工严厉,对自己也一样要求严格,以身作则,树立榜样。渐渐地,同事们对她的印象也开始改观。

当然,还有几个刺头仍然时不时地冒出来,他们当面不敢反驳她,但是背后没少搞小动作。只要董明珠不在公司,几个人就会聚在一起恶意诽谤她,说她在总部待不久,还说她是对方公司的"卧底"……他们以为自己说的话只会在同事之间传播,没想到董明珠也知道。

董明珠逐一找到当事人,问他们是否说过类似的话。一些人仍然没有端正态度,立即否认,说是某某说的。当着这个人的面,董明珠又叫来了另一位。

叫来的这名员工同样否认了自己的行为,董明珠接着又叫来了几个,他们互相对视,知道中了董明珠的计。其实她早就知道是哪几个人在背后议论,只是想让这几个人看看自己平日里的"好友"是如何在上司面前出卖自己的。

不出所料,几个人在董明珠面前互相指认,没有顾忌朋友的面子。董明珠不是得理不饶人的人,让几个人灰头土脸地站在自己面前,她也有些不忍。她并不想把他们怎么样,只是想让他们知道,在公司里绝对不要搬弄是非。

董明珠晓之以理、动之以情,告诉他们公司是一个上班的地方,作为职员,应该为公司出力,团结一心,而不是互相诽谤,把团体搞得四分五裂,这样既不利于自己在公司的前途,也不利于公司的发展,害人终害己。

几个人听董明珠谈了很多,从个人的发展,到公司的前景,甚至连营销方法都有谈到。她还谈到了当时对手过来挖人的事情,并把对方公司和格力的各项指标放在一起比较,结果当然是格力更胜一筹。

这几个人虽然对格力没有更深的感情，但利益和前景放在眼前，哪边轻、哪边重，他们还是一目了然的。董明珠此举，意在告诉他们不要让对方公司有可乘之机。通过这件事，她也算是抓稳了销售人员的心，虽然她不苛求大家多么喜欢她，但他们起码不会离开格力。

1994年年底，董明珠在外出时发生意外，整个身体不能动，只要一动，胸部就会痛。觉得情况不妙，周围人马上把她送到了医院，经过医生的诊治得知，她肋骨断裂，需要住院治疗，她不得不把办公室从单位搬到了医院。

她把很多资料带到医院，就算是躺在病床上，也坚持处理公司的事务，直到医生严肃地对她说："注意休息！"她才不情愿地放下手上的工作。这些深深地触动了她的同事们，他们对她的态度也改变了很多。甚至有的同事还主动去医院看她，她与同事之间的关系缓和了不少。

不少同事都以为之前董明珠主抓内勤，是想给他们点颜色看看，不会真的那样执行，可是董明珠就是董明珠！她刚一出院，就把前一天迟到早退的人惩罚了，丝毫不讲情面。这件事，也让同事们真正地认识了董明珠，知道她是一个只讲规矩不讲人情的人。有了同事们的认可，她在处理事情时也就更加顺畅了。

此时，格力还是国有企业，层层的管理机制像是重重的枷锁一般，禁锢着这个想要腾飞的企业。不仅如此，政策的瞬息万变、朝令夕改，也给格力的发展带来了很多阻力，这些问题越来越严重地阻碍了格力的发展。朱江洪是管不了这些的，只能靠董明珠了。董明珠认识到这些规章程序带来的严重后果，一直想改变这种桎梏，她走访了很多地方想脱离管理关系，但始终无果。

几个部门走下来一无所获，但是又不能不办，她只能向其他的企业取经。一家与格力状况相似的公司摆脱了这样的状况，这家公司也就成了她学习的榜样。

对于一家公司来说,这本是商业机密。面对董明珠这样一个上门来直接问这么核心问题的人,对方当然是拒绝回答,可是董明珠不怕这些,只要有一线生机,让格力摆脱困境,她就愿付出全力。

上门请教了一次又一次,都被拒之门外,她依然故我。这一天,她又敲开了这家公司的大门,经理一见是她都感到头疼,连连叫苦:"你要问的事我不能告诉你,你什么时候才能不再来啊?"

董明珠再一次说明了来意,只是想知道怎么简化程序,别无他意,而且自己公司与这家公司没有竞争关系,说完还把工作证拿出来证明自己的身份。

经理看看董明珠的工作证,看她也不像不怀好意的人,而且来过这么多次,也的确被她的坚持所感动,于是一再要求她绝对不能把这件事告诉别人。董明珠二话不说,拿格力作为担保,再三强调自己不会泄密。

看着董明珠真挚的眼神,经理娓娓道来。最初,他们公司跟格力的情形差不多,甚至差一点被层层审批机制拖垮,后来通过一位朋友得知,政府有一项还没有推广起来的政策,可以帮助企业减少审批程序和管理部门,只需要递交材料到另外的部门,争取他们的单向管理就可以。

听到这个消息,董明珠有些疑惑,为什么这么好的政策没有得到全面推广呢?对方解释,因为这个政策虽然已经出台,但一来还没有引起政府的重视,二来有些部门对这个政策还存有保留意见。

清水衙门,都管自己的事,所以若不是政府内部的人,鲜有人知道这条政策,尤其是在那个信息还相对闭塞的年代。董明珠了解了来龙去脉后,连连道谢。回到格力,董明珠马上着手准备材料,报到政府部门等待审批结果。董明珠知道,格力的改变势在必行,在那个由计划经济向市场经济转型的年代里,很多不人性化的体制限制着企业的发展,但再限制,企业也必须突破束缚!

◎ 救火队员——董明珠

市场经济给民间资本和民营企业提供了很大的舞台,但欣欣向荣的背后也有暗流涌动。企业内不乏被利益驱动之人,贪污腐败的现象逐渐多了起来,直到国家开始出面治理,才没有让这样的颓势持续下去。

这时的董明珠是经营部部长,一直在主抓销售问题,虽然主持过一段时间的内勤工作,但是她最关心的仍然是销售。可是一次突发事件的发生,让她不能再只专注于销售了。

正值国家严厉打击贪腐之时,格力也受到了一定的影响。这时候,董明珠又一次临危受命,担当重任,她被任命为格力的总经理,处理这一次危机。

她上任后,马上对公司内部的可疑人员进行调查,通过蛛丝马迹,发现几名中高层干部行为不检点。她找到朱江洪,说明了问题的严重性,两人想法一致,对于这种原则性问题绝不妥协。

得到了朱江洪的支持,董明珠立刻开始处理贪腐之事,她撤销了格力内一批不合格的中高层干部。很多人记恨董明珠,认为她挡了自己的财路,千方百计地想把她和朱江洪弄下台,虽然表面和和气气的,但总在背地里搞小动作。

这一天,董明珠接到上级主管部门的电话,让她和朱江洪来汇报工作。

第四章 做自己认为对的

她马上联系朱江洪,说明了情况,二人觉得可能不是什么好事,做好了准备一同前去。

到了上级主管部门才知道,有人检举他们,请他们来是配合相关调查的。二人当即表示自己并无不轨行为,会积极配合。对方要求查看他们的账目,并在公司内进行简单的调查,两人并无异议。

之后的调查过程进行得很快,先是查看了相关的账目,没有问题,然后对格力内部人员进行了问话,同样没有问题,二人安全过关。他们以为事情就这样过去了,可事实上这才刚刚开始。

又一次电话,又一次调查,那段时间内,调查组不停地出入格力,董明珠和朱江洪也不停地接受调查。终于,经过一段时间的反复调查后,调查组离开了,结论是二人没有任何贪腐问题。

过了不久,董明珠又接到了调查组的电话,她以为又是请她和朱江洪协助调查,但这次的调查与他们无关,而是关乎另外一个人。

二人听到被调查者的名字时,都感到很震惊,同事这么长时间,没有发现任何蛛丝马迹,原来他们身边一直隐藏着这么大的一颗毒瘤。同事一场,二人都感觉很惋惜。

调查结果很快就出来了,被调查者有贪腐嫌疑,证据充分,随后被撤职,进行进一步的查办。很快,他就被送入狱中。这件事给董明珠的触动也很大,她一直认为,这位高管是个努力工作、有能力在更广阔舞台上挥洒热血的人,没想到却因为私欲断送了前程。此后,她总用这件事鞭策自己,在从业的二十多年中,她一直严于律己,绝不犯这种原则性错误。

虽然调查组拔除了一颗"毒瘤",但是格力内部有问题的人不仅仅只有这一个。董明珠找朱江洪商量了一下接下来的工作重点,二人不约而同地选择整治内部,可是整治的方式方法也很重要,不能弄得人心惶惶。

董明珠开始低调地调查格力内部的贪腐问题。她先把格力的账目过了一遍,任何有疑问的地方都不放过,她想要彻底地大洗牌。把账目调查清楚后,又把问题账目的相关人员筛查了一遍。

她不想弄得人心惶惶,想低调处理此事。通过侧面调查和正面询问,几个有贪污问题的人员相继落马,格力的毒瘤清理干净了。

自从董明珠和朱江洪联手管理格力以来,格力就一直在走上坡路,他们一个主"内",一个主"外",珠联璧合。朱江洪作为董事长,亲自抓产品质量,不怕脏、不怕累。很多时候,他表现得都不像个董事长,更像是技术员,这可能与他是技术出身有关。他为人也很低调,从不拿自己的身份炫耀。一次他出门,还被误认为是业务员——根本没有人看出来他是董事长。当然,一个太过低调的董事长或许无法管好一家企业,但他有董明珠的协助。

自董明珠出任总经理后,一直主抓销售、人事和财务,她不仅在公司内忙碌,还经常到全国各地出差。也许很多人不服气,因为不少业务员也是常常飞来飞去的,同样十分辛苦。但是,董明珠的辛劳是超乎常人想象的。

在出差过程中,董明珠会因身体原因住院,甚至于住院的次数比很多人出差的次数还多。可即便这样,她还是一手拿行李,一手打电话,几乎踏遍了中国的大街小巷。

朱江洪和董明珠就是在这样的互助合作的情况下,完成了格力的一次次飞跃,而两人的合作也开创了国内不多见的一种模式,既不是一人主抓大权,也不是多人分割权力,而是各自负责自己熟悉的领域,尽力做到极致。

在无数的可能下,格力一再地改变国内电器行业的现状,次次刷新纪录,从一个小企业发展到一个中型企业,再发展到一个大型企业,直至站在世界企业的前列。

即便已经取得了累累硕果,董明珠也还是有话说,有事做,从来闲不着的她给格力的未来设计了无数种可能,也给自己制定了无数种可能,产品涉及的范围越来越广,创新越来越多,消费者对格力的期待也越来越大。

◎ 不看价格,只重品质

1993年是空调企业遭遇噩梦的一年。很多空调厂商从此销声匿迹,但也有为数不多的几家从此崛起,这其中就有格力。

元旦刚过,浙江西泠空调器厂就在上海的报纸上刊登了一幅大版面的广告,正式拉开了"1993广告争夺战"的序幕。这场争夺战打得热火朝天,当时无论翻开哪一份报纸,上面都会有关于空调的广告。除了报纸广告,还有各种招贴、广告牌、电视广告……毫不夸张地说,但凡能想到的地方,都会出现空调广告。各种促销活动当然也接踵而至,由此空调进入了超乎消费者想象的低价时代。

如果有厂商打97折,马上就会有厂商打95折、9折,甚至更多。而且厂商们也早已不满足于打折,各种抽奖活动应运而生。有奖励彩电的,有奖励冰箱的,还有直接奖励现金的,除了这些"奖品",还有大奖——有人买了一台空调,就把桑塔纳、奥迪小轿车开回了家。

"空调大战"最火爆的战场在南京。首先发动这场战争的是苏宁,当时的苏宁还是一家只有十多名员工的小公司,隶属于南京玄武区工业公司,很不起眼。

春节过后,苏宁出动所有员工,投入大量资金,上报纸、上电台、上电视,街头传单、广告节目、促销活动多头并进,一下子占领了南京空调市场

70%的份额。一个名不见经传的小商场能占这么大的份额,其他国营商场很着急。8家国营商场商议,成立了"南京家电拓展协调委员会",这8家国营商场位于新街口、鼓楼、山西路、中山陵等地方,涵盖了南京市的多个区,由此组成了南京国营商场反抗联盟。

反抗联盟的行动很快,马上发出"致全国空调生产企业的一封信",信的内容是:"商家单方面压价倾销产品,将损害大多数同行的利益。为此,我们将采取统一压价和停销等手段,展开反击。"一时间,苏宁与反抗联盟之间剑拔弩张。

当时,反抗联盟制定了3个"统一":统一的产品、统一的定价、统一的售后服务。也就是说,消费者只要在这8家厂商的任何一家购买了空调,如果发现有任何问题,可以去找8家中的任何一家。对于这种举动,媒体为其取了一个十分恰当的外号——"联合舰队"。

静静观望的董明珠对双方的做法都持反对态度,她既不赞成苏宁的这种大力促销,用价格代替质量的做法,同样也反对反抗联盟一味讨好的态度。

在商场上,同行间的竞争是不可避免的,大家一招一式全凭能力,你舞一剑我耍一刀,你来我往,但都遵守共同的秩序,不许使用"暗器"。想要出人头地,就要靠自己的产品和实力,绝不能无下限地降价,若为了市场份额而采取价格竞争,是为同行所不齿的。

在商业秩序这方面,日本是个特别遵守游戏规则的国家。日本有名的空调厂商有三菱重工、松下、东芝、夏普、日立、大金,这6家厂商间争市场、抢客户的行为早已司空见惯,可唯独没有大打价格战。他们认为,价格是由商品的原材料和技术决定的,也就是由商品的价值决定的。行业的利润空间在一定程度上也是透明的,除非降低材料等级,以次充好,否则很难压低价格。当然,除了商家的自觉,政府部门的强硬管理也打消了商家的不良念头。在双重保障下,商家只有从产品性能、积极的营销方面下功夫,才能获取消费者的信任。

　　董明珠对日本的这种良好的市场环境感触良多,对国内价格战不以为然,毕竟消费者才是最后买单的人,商家的任何活动都会以价格的形式施加在消费者身上。商家若是在价格上让步,那么只能在产品质量上大打折扣。因此,她坚决不让格力卷入这场纷争,她相信口碑最终会成为商家屹立不倒的法宝。

◎ 格力空调，创造良机

空调大战如火如荼地进行之时，在南京市场奔波的董明珠病倒了。朱江洪去医院看望了她，两人谈起了正在上演的价格大戏。朱江洪问董明珠，格力要不要随着潮流稍微降低点价格，也处理点库存，董明珠坚决地说："不能降，降价是头痛医脚。"从医院出来的董明珠马上又投入市场工作中，还好这场价格闹剧持续的时间并不长。

1993年5月，苏宁继续投入大量广告，为空调大战造势。他们不但开始了新一轮的广告攻势，还郑重地向国营商场宣战："计划经济统一价格的时代，已经一去不复返了。我们不想搞对抗，但也不怕对抗。在目前，哪一家也不可能垄断市场。以大压小不可取，也行不通。"媒体也在一旁观战，并持续报告着，"小舢舨挑战联合舰队，有勇气！"

5月19日，广东省的一家空调厂商在南京召开新闻发布会，邀请了许多空调经销商，这其中就有那8家国营商场。会上，主持人提到了苏宁，这引起了8家国营商场代表的反感，他们马上起身离开了会场。

第二天，8家国营商场在接受记者采访时说："打价格战，对我们来说是没有问题的。我们每家拿出50万就是400万，搞集中倾销，很多企业都会被打垮。"话糙理不糙，虽然价格战不可取，但是他们说的也没错，他们所拥有的空调数量和客户数量远远多于苏宁，只要不怕损失，能坚持就能赢。

但从另一方面来讲,他们的空调数量实在太大,也是输不起的。

价格战越打越猛,各大商场大打折扣,商家已经没有什么利润空间了,一台空调卖出去,除去成本和交税,只赚几十元,眼看就要到赔本的节点了。董明珠也快坐不住了,还好在她还能坚持的时候,这场价格战意外地结束了。

6月,正是空调热卖的季节,再加之极低的价格,一时间供不应求,甚至卖脱销了。低价空调没有货,高价空调面临的形势也从寒冬进入了春天,一些厂商也借此机会悄悄地把价格加了上来。

经过几个月的价格战,空调的价格又回归之前的水平。格力自然也安然度过了这次危机。

7月,一切恢复正常,格力也步入了正轨。在江苏省统计局暨统计信息咨询服务中心、江苏电视台联合主办的江苏"1993名优家用空调系列联赛"中,格力榜上有名。这次的排行榜,是由500家空调用户打分评比出来的,10分制的评比,格力空调得分9分以上,他们对格力的售后服务相当满意。

这次评比规则,虽然有些不合理之处,但对老百姓来说可是个新鲜事,因此这次评比活动还是很有影响力的。消费者开始注意到格力这个品牌,格力的知名度也大幅度提升。《江苏经济报》也登报赞赏格力不打价格战,空调质量好,后来者居上。知名度有了,经销商闻风而来,一时间,格力空调炙手可热。

得到消息的董明珠马上联系经销商,感谢他们一直以来对格力的照顾,同样期待未来的合作。最后,她拨通了五交化钱总的电话,对他表示感谢,毕竟格力能度过空调大战这一难关,正是由于钱总的大力帮助。她还跟钱总计划了一下以后的合作,钱总乐呵呵地表示"格力空调,创造良机"。

就在董明珠热火朝天地忙于开发格力市场的时候,发生了这样一件事情。这天,董明珠正在办事处忙着出货的事儿,接到了江苏苏宁的电话。接通电话后,对方没头没脑地直接问:"你为什么卡我的货?"董明珠不知所以，云里雾里地问："谁卡你的货了？"对方咄咄逼人："敢做就要敢当！他们都说是你在厂里让人卡我的货。"董明珠感觉事有蹊跷，想马上弄明白事情的原委，便问："你是在哪里进的货？"对方回复说是在格力电器驻南京第二办事处，之后语气稍稍缓和："你现在给我们发货吧，只要给发货，就不和你计较那么多了。"

有生意上门，董明珠自然不会不做，她让对方去五交化拿货，对方又问："怎么个拿法，什么价钱？"董明珠把价格表传了过去，对方着急了："怎能这么高？你们格力怎么一点不守合约？我们不去五交化拿，只跟你要货。"

对方态度不好，董明珠也不是吃素的，她的火气一下就上来了："你们跟谁签的合约，就去找谁！"她气愤地挂了电话，心里盘算着：南京没有第二个格力的办事处啊，这究竟是怎么回事？

南京的确只有一个办事处，还是董明珠本人设立的。董明珠想到，当时有些业务员喜欢在自己负责的区域内设立临时办公室存放空调，同时方便与经销商谈业务，会不会是他们设立的呢？她问了几个负责当地的业务员，结果都不是他们，他们也不知道是谁设立的。

董明珠又打电话到珠海总部，询问相关情况，奇怪的是，他们也不知道是怎么回事，都说没有再设办事处。她觉得这件事太离奇了。

经过几天的调查，董明珠才发现，原来是一个苏南地区的业务员来抢自家饭碗。这个业务员看南京的市场有发展，也没有打报告就直接在当地开了个办事处，在原有的供应价上加3个百分点卖给经销商，还采取先交货后付款的方式，售后安装费用也按原来的70%结算。

这当然比其他的格力业务员占优势，于是他的业务接连不断，但一个小业务员的空调库存量毕竟是有限的，很快就不能满足经销商的需求了。苏宁就是在这个时候找上董明珠的。

这件事让董明珠哭笑不得，苏南地区的业务员守着那么富饶的一块地方不自己开发新的业务,反倒跑到别人的地盘抢业务,抢的还是自家兄弟的业务,看来这不是个人问题,而是格力整体的问题。

董明珠查看了这个业务员的业绩,发现并没有什么值得骄傲的成绩,只有1993年一年有些突破,而且还是在南京卖出去的,这样的人留着有何用?

年底时,董明珠炒了这个不守规矩的苏南业务员。之后,她开始了业务改革,也借这次改革提升了格力的品牌认可度。

通过内部整理,筛选出了一批合格的业务员,董明珠对他们精心训练,希望他们将来能够独当一面,在格力开疆辟土之际贡献一份力量。这是董明珠的计划,也是她自己招兵买马的过程。

1993年,董明珠在南京的个人销售额为3650万,整个南京地区的销售额达到5000万,她再一次用实力证明了自己:从一个业绩空白的市场到一个业绩辉煌的市场中间,隔了一个董明珠。

经过整顿,此后的格力很少发生内部相争的情况,大家各司其职。这也是格力能够长足发展、屹立不倒的重要原因之一。

初来南京时,董明珠是与朱江洪一起来考察市场的,刚刚了解完市场,有了些眉目之后,她就开始自己处理各种事情。她创造良机,适时发力,让格力得以在困境中独立支撑,不陷入价格的怪圈中,真正地让那句"格力空调,创造良机"深入人心。

在南京的这段岁月,是董明珠开始接触管理,了解格力内部的一个过程,也是她真正走上管理岗位的跳板。

Chapter 5

第五章

破坏欲:格力的战场

◎ 浴火而飞,格力上市

上市,是不少企业梦寐以求的,但这条路并不容易走。很多企业的上市之路如一场噩梦,几轮下来精疲力尽,却还是无功而返。但格力的上市之路却走得很顺,没有其他企业那么艰难。

格力1996年11月在深圳证券交易所成功上市,上市之后的格力迎来了快速发展的时期。

1998年,董明珠在重庆建立了格力的根据地——重庆格力新元电子有限公司。2001年,格力重庆分公司正式成立,主要负责格力的生产业务。

一期工程在2002年4月竣工,二期工程在2004年4月竣工,形成了每年300万台空调的生产规模。2002年5月,格力马鞍山生产基地建成。

格力在中国投建厂房的同时,董明珠也在开发国际基地,她考察了几个国家之后,决定把生产基地设在巴西。2001年6月,格力投资2000万元用于巴西空调生产基地的建设。

自董明珠加入格力后,格力便开始了从草根企业向明星企业的转变,这与她协助朱江洪改变格力营销策略有很大关系。在朱江洪刚被任命为格力总经理时,员工对他有很大意见,认为他是上面派来的"空降兵",是关系户,不知道他什么时候会走,所以对他的一些指令并不在意,有些员工甚至处处跟他作对。

那时候的朱江洪是孤军作战。虽然时间长了,员工对他的态度有所改变,但还是心存芥蒂。直到董明珠回到珠海总部,朱江洪给了她大展拳脚的机会,她也不负众望,把格力的业绩提升了,并大力支持朱江洪的各项改革。两人相互扶持,只有一个目标:提高销量,打响格力品牌!

两人组成的领导班子走过了20年的时光,朱江洪从决策和技术上提升了格力的硬实力,而董明珠则从改革和营销上扩大着格力的影响力。可以说,短短几年的时间,格力这个不知名的小厂就变成具有上市实力的大企业,董明珠功不可没,她在其中付出的汗水也是看得见的。

格力上市后,董明珠并没有四处张扬,只是做好了基本的上市宣传,并没有借此机会做出任何博眼球的举动,在她看来,越是关键时刻越要低调,谨慎行事。她虽然在乎业绩,但是不能让消费者因为新闻认识格力,而是要让他们因产品质量认识格力。

有经销商埋怨董明珠没有把握住时机,但从另一家企业把握商机的案例来看,董明珠的谨慎不无道理。有一家知名企业因为上市时的过度宣传而使商家骑虎难下。在质量没有跟上宣传的时候,产品很容易被质疑虚假宣传,也容易惹上官司。

第五章 破坏欲：格力的战场

很多企业谋求上市，除了想打响知名度，最看重的就是资金。上市，是一个很好的获取资金的途径，可以不费力气地获取大量资金以投入企业建设，而且获利与大众一同分享，风险也与大众一同承担。与银行的贷款相比，董明珠更愿意选择与大众共进退，同时还可以通过这样的方式把大众和格力连接起来，成为整体，这样一来，大众对格力就会有种"自己人"的感觉，增加对格力的关注和信心。

上市有诸多好处，当然也有"坏处"。既然是公开寻找合伙人，就很可能被恶意控股，严重的还可能会丢失企业机密。在上市之初，一般都会把股价定得低一些，一是为了吸引投资者，二是为了保险，赢得"开门红"，格力当时也是这样做的。不过，太低的价格对于企业来说本身就是个不小的损失。

格力上市做了很长时间的准备，既要满足上市的条件，也要为上市之后的发展铺平道路。在准备上市时，首先要做的就是资格审查。

企业上市需要满足的条件近乎苛刻：第一，股票经国务院证券监督管理机构核准已向社会公开发行；第二，公司股本总额不少于人民币三千万；第三，企业开业时间三年以上，并且连续三年盈利……

董明珠没有把这件事交给别人，她自己察看了所有的条件，一条条地在心里盘算，之后把相关材料交给律师团，让他们再逐一审查，她自己也一直跟着督办此事。

最终，格力人的共同努力换来了回报，格力安稳地度过了上市期，董明珠心里的一块大石头也终于落了地。

格力与其他企业一样，上市后不得不面临股市波动。好在董明珠及时控制住了局面，格力有惊无险地度过了动荡时期。但上市公司从来就没有宁静的时候，尤其是在1996年，市场经济复苏带来的活力成了一把"双刃剑"，既能成就一家企业的美名，也能瞬间瓦解一家企业。

那几年，很多商人因为经营不善，在最后关头选择跑路，给很多投资者造成损失，甚至还有一些网络歌曲描述当时的场景。这些歌曲在网络上博得观众一笑，背后却是投资者无尽的心酸。虽然上市公司有专门的监管部门，不会出现如此极端的情况，但是破产和公司业务难以维持等问题造成的股价大跌，也使投资者损失惨重。

董明珠劝解投资者要理智，投资需谨慎，在选择公司之时不要只看目前的涨跌形势，更要清楚地看到一个公司的诚信和行业前景。她同时也说，不要因此而畏首畏尾，投资者担心的状况并不是那么容易发生的。

企业也要考虑到投资者，双方形成共赢的局面，而不是互相竞争的关系。董明珠在这一点上深有体会，她提出的很多改革都是让利于经销商和消费者的。她常对人说："做企业不能光看眼下一点点利润。"以空调为例，消费者想使用空调但又怕它费电、噪声大，因此形成的矛盾其实就是商家的机会，谁能帮助消费者解决问题，谁就能赢得消费者的心。反之，总是无法满足消费者的需求，那么就算产品的价格再低，也不会有人买单。

在董明珠的"生意经"中，除了追求产品品质，还特别注重创新和环保。她强调，创新要融入企业内部，每个岗位都有创新的可能，创新不是找几个高端人才就行的。她讲了一件格力内部的事情：一般公司并不重视叉车工，认为这是没有技术含量的工作，也没有员工尊敬他们。但在格力，如果有人不尊敬自己的"战友"，就会被请出格力，任何岗位都关乎产品质量和产品创新，并无高低贵贱之分。

而在环境方面，她的心思是：把产品创新的重点放在满足消费者需求和减轻环境污染上面。她把这称为企业家的责任心。

随着互联网的兴起，人们进入了全新的信息"大爆炸"时代。任何小事都可能被放在网上，造成舆论压力，这给商家带来了更多的难题。上市企业最怕的就是互联网的传播方式，一不留神，就会成为众矢之的，造成股票的波动。

第五章　破坏欲：格力的战场

董明珠一直很重视网络,但又有些担心,她怕格力会被动地卷入旋涡,所以格力很晚才开始线上销售。其实任何企业遭受非议都在所难免,不同的处理方式会产生不同的结果,因此而畏步不前会得不偿失。格力既然已经上市,就要承受上市带来的风险,此所谓"欲戴王冠,必承其重"!

◎ 渠道之战赢天下——格力专卖模式

买过格力空调的消费者都知道,格力空调与其他的空调品牌不一样,他们只有自己的专卖店,很少在商场里看到他们的专柜。这源于格力不同于一般厂家的售卖模式。

格力专卖店,是我国唯一一家厂商设立的电器专卖店。它设立起来之后,被人们称为"格力模式"。专卖店内摆满了格力的产品,主要用来展示和售卖。而董明珠设立的专卖店并非只是销售模式的改变,更是渠道的改变。

国美和苏宁的渠道模式隶属于厂商的批发模式。由经销商占据主导位置,厂商只是提供产品而已,与消费者打交道的是经销商。另一种是终端服务模式,厂家更加关注消费者,希望与其建立联系,厂家专卖店便是这种模式。

这种模式不只出现于家电行业,在很多产业中都有过类似模式。董明珠设立专卖店的想法就来自于此。她不想让经销商夹在自己与消费者之间,"受制于人"从来就不是她的性格。

谈起设立格力专卖店,董明珠有很多话要说,她称这是格力与其他空调厂商最大的区别,正是专卖店模式才让格力的销售独树一帜,既不托付于人,也不受制于人。她当初设立专卖店,是想要统一价格和规范销售

第五章 破坏欲：格力的战场

行为。

格力专卖店的设立也并非一帆风顺，开始时遇到了很多阻力。同行把董明珠当成了跳梁小丑，都等着看她的笑话，大家都跟零售商合作，为何董明珠偏要另寻出路？与行业内的鄙夷相比，格力内部的声音柔和了许多。同为格力人，他们想的是怎样让格力发展而无其他，在董明珠提出设想后，他们只是对专卖店的未来表示担忧，怕资金投入后没有回报，反而拖垮了格力现有的业绩。

董明珠最终说服了格力的同事，在珠海设立了第一家格力专卖店。刚开始消费者只是看，并不买账，后来知道了专卖店里的格力空调货真价实，抱着尝试的心态，开始在专卖店选购格力空调，随后，越来越多的消费者开始愿意在专卖店里选购空调了，这样直接的销售方式他们也愿意接受。

很快，格力专卖店如雨后春笋般在中国大地涌现。格力专卖店的兴起，着实震惊了其他商家，原来的嘲笑声变成了赞美声。很多人也想学董明珠这种做法，但是只有全国范围内的专卖店才有效果，一两家是发挥不出作用的，这需要的是一个企业的决心和经济实力。

有的厂商不相信，也要做专卖店，但开了一两家之后就纷纷作罢了。想要获得成果，就要先忍受磨难。

正值格力专卖店火爆之时，董明珠又提出了她的担忧，依靠格力自己建立的专卖店，无论是在数量上还是在精力上都很难控制，所以她提出了格力加盟专卖店的构想。

在跟格力管理层人士开会商议后，这一提议被搬上了日程。这一次，他们没有再发出反对的声音，而是全力支持董明珠。

想要做好这件事，首先需要媒体的帮忙。有了媒体的协助，外界自然会更为全面地了解加盟的事情，有想法的商家也都递交了申请，等待着格力的审核。

所有想要加盟格力专卖店的商家都需要进行资格审查，审查通过后再进行统一培训,培训后才能开始售卖格力的产品,并且不能违反格力的各项规定,每年会有定期的审核,这其中就包括不能私自变动格力产品的价格,如有违反,会进行相应的处罚。

通过这样的方式,董明珠把难以规范的销售行为规范了起来,也把全国各地格力产品的价格统一了起来。一举两得,处理了两大"老难"问题。

就这样,格力专卖迈向了正轨,在消费者眼中它已经自成体系,变得完整有效,似乎不需要什么变动了,但董明珠的心里一直都没有"结束"二字。在运转良好之际,她又有了新想法:难道格力的专卖店只能卖格力的产品吗?这个问题似乎并不成立,既然是为了推广格力产品建立的专卖店,不卖格力的产品,难道卖竞争对手的产品?

这样的疑问,给了董明珠启发。她想依靠格力已有的专卖店模式,打造一个"家电集中地"。首先,她选择的合作伙伴是海尔冰箱。虽然最后合作未果,但提供的思路很具有指导性——一家只卖精英产品的专卖店是一个多么诱人的红苹果!

董明珠想要打造的是一家"全球最好的家电产品"的专卖店,消费者只要想买家电就会来到这里,销量自然不用担心,但如何搞定那些企业大佬,却是个不小的难题。

不只是面子问题,其中还有更复杂的利润问题。他们是否需要向格力缴纳费用?或者格力向他们缴纳费用?而且在格力的专卖店里卖其他品牌的产品总有些"名不正言不顺",种种原因,导致董明珠的想法胎死腹中。

虽然这次合作没有达成,但并不代表这样一家"全球最好的家电产品"专卖店在未来不会出现。截至2016年7月,全国有7000多家格力空调专卖店,他们遍布在中国的各个角落,为千家万户提供服务。

近几年网络销售日益火爆,传统专卖店受到了很大冲击,格力也不能幸免。董明珠知道,以往的销售模式已经不能满足消费者了,时代在变,卖产品的方式也要变,只有跟上潮流才能保全并壮大自身。董明珠在格力内

第五章 破坏欲：格力的战场

部设立了网络运营部，与此同时，在全国设立线下体验店，让那些想在网上选购格力产品的消费者有机会体验产品。她还表示，虽然线上销售火爆，但格力也不会放弃专卖店。

她认为，虽然网络销售很方便，但未必能够满足消费者的真正需求。对于家电这种大件物品，线下的体验和服务更为重要。格力的线下体验店正在推进"零距离服务"业务，在线上购物后，由专人负责送货安装，最晚的安装时间为夜间12点，这自然能够让消费者第一时间体验到产品。说白了，现在的网络销售源于一个"懒"字，如何更便捷地为消费者提供优质服务，其实是每一个线上商家该考虑的问题。

董明珠一直在开发网络销售业务，却绝不会放弃专卖店模式。这其中很重要的一点因素即是，任何经济形势都不会是一时的，虽然线下专卖店受到了冲击，但线上销售的诸多诟病也让消费者深恶痛绝。这种看不见摸不着的买卖方式使得产品变得虚幻，往往收到货后，发现网络上呈现的效果图与实际情况相差太远。在网络销售中，换货、退货是常有的事。此外，一些年纪大的、不熟悉网络的人也不会放弃传统的消费模式。

网络安全也是董明珠一直关注的。网络兴起后，网络盗窃案高频率地发生，远比实体店销售出现的问题多，让人不禁对这种销售形式又爱又恨。作为家电品牌，格力仍然用自己的行动证明实体销售难以被取代，董明珠也坚信，格力模式是可以与时俱进的。

◎ 环保空调：一个利己利人的创造

2008年7月(国办发[2008]73号)，国家环境保护总局升格为环境保护部，成为国务院组成部门，简称环保部。

虽然我国很早就开始关注环保了，但关注程度并不够，在这方面，格力很早就发现了问题，并投入到环保空调的研发中。

董明珠在环保事业上投入很多，自她知道环境污染对人类的危害和空调在其中的角色时，就在格力内部开设环保空调研制组，希望能够早一日研发出环保空调，为保护环境多做贡献。

2012年，董明珠带着格力最新的产品亮相。当时正是治理雾霾的严峻时期，在一定程度上，空调可以破坏环境，所以发现这一问题后，格力即开始了新产品的研发。

董明珠此次拿出的产品是"全能王"系列空调，这款空调在方方面面都满足了消费者的需求，尤其在对抗雾霾中的有毒颗粒方面表现优异。董明珠在介绍产品时说："格力空调一直致力于改善消费者的生活品质与环境，我们最新推向市场的空调就具有净化空气的功能，可有效过滤PM2.5。"

此款产品的推出，受到业内人士和消费者的赞赏，消费者称它出现得正是时候，是百姓家庭生活的救星，毕竟谁也不想天天生活在雾霾中。

对于环保事业，很多商家有心无力，因为这个世纪出现的难题受到重

第五章 破坏欲：格力的战场

视的时间晚，治理的难度大，业界对此的研究却并不多，也没有很好的解决办法，一般只能采取过滤的方法。企业想要加强这方面的研究，必须投入大量的人力、物力和财力，这也不是一项一蹴而就的事业。

格力率先发布了此类型产品，表示能够有效地净化空气、过滤 PM2.5，但这也不是此产品的唯一优势，它在节能等方面也有良好的表现。在研发这款产品时，格力投入了大量的精力，单是研究时间就超过其他产品，研发费用也最高。不过，研发人员没有认为这是一种浪费，在格力人心里，这是一种进取，一种将环保事业根植于心的理念。

其实，早在 2011 年 7 月时，格力 R290 环保冷媒空调便在国家号召的大背景下问世。R290 是一种新型的空调制冷剂，是世界上比较认可的完全环境友好型制冷剂，不含氟元素，对臭氧层没有破坏作用，对气候变化也不会产生负面影响。

虽然已经发布了新型环保空调，但格力并没有停止环保产品的研发，董明珠表示："在格力，凡涉及节能环保的项目一律开绿灯，在科研经费上不受限制，需要多少就投入多少。"随后，格力又继续投入友好型冷媒的探索与研究，并在 2012 年 8 月成功研发出新型环保冷媒 R32 空调。11 月 30 日，格力获得了全球首张"R32 环保冷媒空调"VDE 认证证书，这无疑给全世界的环保空调提供了新思路。

R32 是二氟甲烷，与空调主要用料 R22、R410A 相比，是一种既环保安全，又可以节能的材料，是当前市场上可以使用的最优秀的空调制冷剂之一。国家节能环保制冷设备工程技术研究中心主任黄辉也赞赏这种空调的性能，认为这是我国对环保事业的伟大探索。

格力连续推出环保空调，在空调行业起到了表率作用。董明珠在接受媒体采访时说："长期以来，格力电器以节能环保为重要目标，以产品质量作为企业生存发展的基石，并把节能环保作为打造和提升公司产品品牌的重要措施。"她还表示，格力已正式将绿色发展战略植入公司发展战略中，确定总体目标为"倡导绿色消费,积极研制和生产绿色产品,节能降耗,不断改进环境行为,对社会负责"。

董明珠的想法得到了政府的支持。为进一步增强立法的公开性和透明度,提高立法质量,国务院法制办将财政部、税务总局、环境保护部起草的《中华人民共和国环境保护税法(征求意见稿)》(以下简称征求意见稿)及说明全文公布,并向全社会公开征求意见。

征求意见稿中,很多项目都与董明珠正在做的环保事业相关。征求意见稿中对超标、超量排放污染物的企业加倍征收环保税,对依据环境保护税法规定征收环保税的,不再征收排污费。排放污染物在政府指定范围50%以下的,在一定期限内减半征收环保税。

董明珠很赞同征求意见稿内的多项标准,同时她表示应该更严厉些:"环保问题,一开始就应该制定条例,违反、破坏环境的,就不应该给予生存下去的空间,这样才能让每个人都意识到环保的重要性。"她表示,除了要提高环保意识,惩罚措施也不能单一化,"如果就是加倍罚款,今天罚完了明天照样做,那你是不是明天来罚,后天来罚,要耗费多少人力、物力、财力来跟进这件事?"还要加大力度,让企业害怕,"应该一开始就强制规定,违反环境保护的,就不能开工生产,这样,才能逼着企业去创新。当下作为制造业企业,如果不是以环保为底线从事制造业,它会造成极大的危害。企业今天的收益是用破坏人们的健康、环境作为代价,那企业的发展还有什么价值?"

虽然国家不会依照董明珠的设想制定环境保护税法,毕竟国家需要考虑的层面会更广,但她提出的建议仍然有一定的参考价值,如果只是采取单一的惩罚措施,的确无法引起企业的重视,也就起不到效果,这正是她所担心的。

第五章　破坏欲：格力的战场

◎ 为"没有售后"而战

售后服务一直是企业所看重的,这关系到企业与消费者之间能否进行良好沟通,也关系到企业的品牌影响力。但是,董明珠在一次采访中却一反常态地表示,格力并不注重产品的售后服务,因为"好的产品没有售后"。

此话一出,自然引起了外界的广泛讨论。有些人反对董明珠的观点,认为就算再好的产品也可能出现质量问题,售后服务一定要重视;也有人支持她的观点,认为既然是好的产品,用多久都不会坏,注重售后服务是企业的一种浪费。

两方各执一词,争执不下。董明珠表示,她并不是说售后服务不重要,而是要把产品质量提高。好的产品因为质量问题做售后服务的情况很少,相反,产品质量有问题的,其售后部门一定很忙。

想要在售后上省力,就要在产品创新和质量上下功夫。对格力来说,创新可以提高产品的质量,从而减少售后服务,这也是格力售后服务少的原因之一。

格力在把重心放在创新上以后,接二连三获得了大奖,董明珠虽然重视这些技术性的奖项,但更看重的是创新的体系,对此她这样说:"对格力来讲,我们在创新这条路上一直在寻找如何让中国的制造业在技术上真正走在世界前列的方法。获得国家科学技术奖对格力电器来讲已不是第一次了,这次与过去有本质的不同,过去是单纯的技术,这次是创新体系。"

企业发展需要技术,同时也要形成创新的氛围,格力在这一点上所采取的方式是:用企业文化去影响格力人,让他们知道格力的发展不能没有创新,他们的未来不能没有创新。

董明珠认为,创新不能只是嘴上说说,"现在人人都在讲创新,但是我觉得最大的创新是执行力、贯彻力。所以创新就是你的技术和产品能改变消费者的生活。提升消费者的生活质量,让消费者更健康,这就是你要创新的动力和方向。比如格力正在研发的不用电和无风的空调。"

董明珠表示,格力需要的是优质的产品,格力比消费者更害怕因质量问题而带来的售后,麻烦不说,还影响格力产品的声誉,有百害而无一利。为了更好地为消费者服务,格力提出了智能家居的想法。

智能家居,即用手机控制家电的开关和运行,可以进一步方便人们的生活,释放人们的时间。这一想法的提出,得到了消费者的支持和肯定,他们都希望简化遥控器,直接用手机开启空调等家电,很多人同样希望在外就能控制家电的使用。

这次与消费者需求的不谋而合给了董明珠信心,也让格力把重心放在了智能家居的开发上。这个项目的开发,印证了她"好的产品没有售后"的理念,她希望智能家居能够给消费者的生活带去便利和品质。

对于格力的研究成果,董明珠很满意,并且信心十足,"一年以后,你会看到格力电器在智能家居方面的成就,一定会让消费者感觉到是一种享受,这就是格力智能家居未来的发展方向。"

格力已经取得了智能家居的阶段性成果,并在试验中做出了成绩。董明珠做智能家居的想法来源于网络。网络的突飞猛进,带动了手机软件的发展,越来越多的手机应用为人们的生活提供了便利,通过一部小小的手机来控制家电,这的确是一种非凡的体验。

当然,这并不能完全地释放消费者的时间,但是提供最大的便利本身

第五章 破坏欲：格力的战场

就是一种进步。与其谈营销，不如做出消费者想要的产品，这样的营销关系才是企业家该追寻的，董明珠说："营销不是一种买卖关系，把货品卖出去就履行完毕。我理解的营销是一种服务，应该让消费者在享受使用产品的同时，得到一种优质的服务。没有售后服务是最好的服务，这是我们长期强调的理念。"

格力强调的这种理念，也是一种很难实践的理念，虽然格力每年的售后服务量都在下降，但距离没有售后依旧"任重而道远"。

从2006年开始，董明珠在两会上关于企业的提案中都围绕着一个主题——"自主创新"。国家对于自主创新也寄予厚望，胡锦涛视察格力之时，曾对格力提出要求，希望格力能够促进"中国制造"向"中国创造"的转变，为中国企业树立榜样，为中国企业改革做出贡献。

董明珠发布"中国创造之路"倡议书，"就是希望更多的中国企业加入'中国创造'的行列，加快实现国民经济增长方式从要素驱动向创新驱动转变。"

起初，支持这一倡议的声音并不多，因为有人认为"中国创造"与"消费者权益"之间的关联并不密切，但"实际上，对企业而言，保障消费者权益，讲得再好听，也不如拿出一个好的产品。只有致力于为消费者提供最好的产品，创造的意义才能落到实处"。

"中国创造"是以技术为前提的企业自律、自主创新和追求完美的精神。企业自律不是一个容易控制的因素，完全靠企业自己，只有切实地为消费者服务，才能形成好的服务意识。自主创新是中国创造的核心，追求高品质的产品和无售后服务需要以技术创新为前提。追求完美是企业所必须的，这代表一个企业进步的空间。做到这些，企业离"中国创造"就更近了一点，离无售后服务也会更近一步。

董明珠在宣扬没有售后的同时提出了"让消费者八年不回头"的口号。当时空调的平均使用寿命为八年，格力为每位消费者提供高质量的售后，同时也希望自己的产品能优秀到没有售后。

格力在践行没有售后和中国创造上，发挥着自己无穷的能量。

这不是格力一家企业的责任，"中国创造"不仅是中国企业家在国际市场上的一条生路，也是企业节省资源、没有售后的必要条件。中国一直是制造业大国，但创新技术没有跟上制造业的脚步，如果两者能够匹配，那么中国经济一定会登上一个新台阶。

中国改革开放后，吸引了大量的外资企业，他们用雄厚的资本和先进的技术迅速占领了国内市场，一度把国内的企业挤得无处容身，但是它们技术强、产品优，消费者当然愿意选择。很多企业只能依靠加工制造生存，可金融危机爆发后，连这样的生存机会也被剥夺了。

这场危机，让中国的很多企业家觉醒了，他们认识到了自身的不足，开始用创新的力量改变中国企业的现状。同时，政府也在加强管理，虽说有了监管，但董明珠看重的仍然是企业的自制力。"我们总在说建立行业标准、国家标准，事实上，最好的标准就是消费者的口碑。截至目前，格力空调在全球的用户已经突破1亿了，仅每年在中国销售就有250万台，哪怕只有1%的客户不满或售后纠纷，也是一个天文数字了。"

想要突破，想要没有售后，就必须提高产品质量，提高产品的创造性，这是格力已经走过的成功之路，也是中国企业的发展之路，"好的产品没有售后"并不是一句空话，而是一句靠实力喊出的霸气宣言！

第五章 破坏欲：格力的战场

◎ 六年保修：顾客真的是上帝

众所周知，一般大件家电的保修期都是一年，但只要是合格的电器，很少用了一年就出现质量问题，所以一年的保修期根本发挥不出作用。既然一年不够，那就多保几年，六年怎么样？这大概是一句玩笑话，但格力真的这么做了。

董明珠说，自己有延长保修期的想法不是一天两天了，她一直觉得一年的保修服务就是摆设，根本没有用武之地。有人怕延长保修期会让格力吃亏，但董明珠却表示她对格力产品有信心。

董明珠在很多场合强调过"产品力"这个概念，产品的综合实力就叫作产品力。一款产品的竞争力要放在产品力上，而不是销售上，销售方法和服务固然重要，但产品力才是基石。

在产品力的竞争方面，董明珠从不服输，她曾经明确地提出："仅仅营销还不够，产品才是第一。"这种观念，在格力内部已经根深蒂固，但在市场上，人们的认识还不全面，也不深刻。董明珠现身说法，讲述了自己的营销经历。

从业几十年来，她发现一款产品的广告再花哨、再新颖，也不及消费者的口碑有用。她还调侃说，正是因为知道了广告的作用有限，后来才决定不再聘用代言人，而是自己亲自上阵。她还说，自己当代言人，格力的销量也没有下降，可见她的理论是正确的。

质量决定品牌的底气。董明珠之所以这么有底气,敢跟经销商叫板,凭借的就是格力空调的产品力。因为她打心眼里知道,少了一个经销商,还会有更多的经销商找来,格力空调不愁销量。

格力是从1995年开始整顿质量问题的,甚至制定了严格的12条禁令。依托于这样的举措,格力才逐步发展成为一个靠质量取胜的厂商。在董明珠任职总裁后,她依然遵照之前制定的质量条约,把质量提高到一个史无前例的高位上。

为了避免出现不必要的问题,进一步提升产品力,格力甚至建立了零部件筛选分厂。这个工厂主要负责筛选空调的零件,无论大小,一律筛选,只有合格的零件才能拿去组装成空调产品。不仅如此,当时的格力还成立了"质量宪兵队",朱江洪任队长,董明珠是副队长。他们用抽查的方法对零件进行第二次筛查。

格力内部设立了众多的筛查部门,为的就是检测零部件质量。在每个分厂还放置了大铁锤,每次一遇到不合格的产品,分厂的厂长就当着职工的面用铁锤砸烂空调,并对相关的责任人进行处罚,若是哪个部门质量方面表现良好,也会得到相应的奖励。

后来,分厂的大铁锤没了用武之地,但关于质量的奖惩制度依然存在。虽然董明珠在格力的大多数时间是负责外部工作的,可对于内部问题,她同样十分关注。

在董明珠正式成为格力总裁时,格力内部还曾闹出一场风波。与其他企业最重视销售人员的情况不同,格力的销售人员只能退居第二位。董明珠任职总裁后,销售人员本以为他们迎来了翻身的机会,可惜他们错了,董明珠甚至比朱江洪更加注重科技研发。

自她上任以来,不仅注重空调的技术,还大力开发其他产品,而且极为重视产品的科技含量,誓把格力打造成为以质量为核心的高科技公司。她还把销售和质量的关系比喻为"巧妇难为无米之炊"。

第五章 破坏欲：格力的战场

依托于超高的产品质量，董明珠制定出"六年免修"的条款，这既是向同行的宣战，也是向消费者表明自己的决心。

"格力空调六年保修计划"，指的是为家用空调和变频空调提供六年的家用空调免费包修和变频空调两年免费包换的服务，这与其他厂商形同虚设的一年保修期相比，实在太过实惠。

有一些消费者不熟悉格力的产品，认为六年保修只是噱头，等到出问题就会找借口开脱了。的确，新事物的出现总是伴随着质疑声，但不久之后，董明珠便用事实掩住了悠悠之口。

在计划推出后，确实有一台空调出了问题，消费者找上门来。董明珠马上命人去查看，如果有问题马上维修。技术人员赶过去查看了之后，获悉是因为空调使用不当造成的损坏，按理说不在保修范围内。董明珠了解了事情的来龙去脉后，让技术人员跟消费者解释清楚，问题出在保修范围之外，但是作为格力的老顾客，他们愿意帮助消费者修好空调且不收取一分钱的费用。

事后，董明珠也没有大肆宣传此事，只当是一个小小插曲。后来，越来越多的人知道了这件事，她才说明了此事的原委，一时间，格力空调保修计划成为街头热议的话题。不过，很多人仍认为这是一场戏，这便不是董明珠可控的了，她也不在意这些非议。

倒是那个接受保修的消费者站出来澄清，表示是自己使用不当造成了空调的损坏，当时去找售后，只是抱着试试看的心理，没想到在保修范围之外，格力也二话不说地帮他把空调修好了，这让他很受触动，于是他主动补上了维修费。董明珠也进一步说明，格力完全没有作假的必要。以格力的品质，根本不需用这样的方式博得眼球。

其后，越来越多的消费者开始选购格力的产品，因为格力让消费者放心省心。

此前一直领导行业趋势的格力，这次没有等来跟风者，又一次做到了董明珠的那句"做领导者,不做模仿者"。

业内没有跟风者,是因为敢保证六年免修,就必须以质量为前提,否则说出去的是几句话,花出去的保修费用可都是真金白银,搞不好,还会因此使企业陷入瘫痪。

格力在全国有几千家专业的售后维修网点,只要有消费者打来电话,他们就会提供上门服务。一次,有一位消费者的空调外机被砸了一下,挂在墙外摇摇欲坠。当时已经是晚上9点多了,消费者马上联系了格力空调的售后人员,并得到答复:15分钟内赶到。

这么晚了,按理说售后人员已经下班了,但他们还是在15分钟内赶到住户家里,帮忙处理外机的问题。维修师傅解释说怕空调外机砸到行人,所以迅速赶来了。

事后,这位消费者给格力写了一封感谢信,但是知道的人很少。有人问董明珠为何不借此机会宣传一下格力的售后,她解释说,格力的宣传依靠产品质量和新的政策就行了,不需要打感情牌。

很多消费者都认同这一点,有一位周先生说,他已经买了3台格力空调了,前两台除了有些旧,都没有出现任何问题,现在换了新房又选了一台格力空调。

董明珠不想利用消费者的情感宣传产品,但是消费者对格力产品的热情已经融入身体了。

格力空调六年保修计划已经实施几年了,董明珠一直没有取消这一计划,反而在逐年完善。一次,董明珠开玩笑地说不差这点钱,但随后她又认真地说,推出这项计划是为了没有保修,是为了少花钱的。

在某种程度上说,一个企业在售后上投入的精力和金钱比重,代表了它在行业中的位置,格力自然是当之无愧的行业先锋,这从其六年保修计划上就可见一二。董明珠向来不是一个好说话的人,但这次保修计划,却显得她十分"好说话"。

第五章 破坏欲：格力的战场

◎ 冲进世界 500 强

任何一个企业发展到了一定规模之后，都会谋求更光鲜的行业地位，"上市"和"世界 500 强"，是很多大企业的目标，格力也是如此。当格力成功上市之后，下一步便是向着世界 500 强的大目标进发！董明珠曾在很多公开场合表达过自己的愿望，希望格力能跻身世界 500 强之列。

福布斯全球 2000 强，这对企业来说是很重要的排行榜，而若能够排到前 500 名，"入围"企业的综合实力则是不言而喻的。福布斯排行榜的评比过程异常严格，不仅要考察企业一年的销售额，还要查看利润、总资产和市值，四项评比内容的比重必须相同，也就是说，一家企业只有四项指标均衡发展，且每一项都处于世界级水平才有可能榜上有名，但凡有一项指标落后，总成绩也不会好。

2010 年，格力的总营业额为 608.07 亿元；2011 年，总营业额为 835.17 亿元，在世界强企中排名第 1117 位；2012 年，总营业额为 1001.10 亿元，成为首家家电企业总营业额突破千亿的上市公司，排名第 706 位；2013 年，总营业额达到 1200.43 亿元，排名第 668 位；2014 年，格力在全球的超强企业中排名第 501 位，这让董明珠感到很遗憾，终于有幸可以冲击世界 500 强，却因一名之差被排在门外，实在惋惜。董明珠不是自怨自艾的人，既然已经是第 501 位，那么离世界 500 强也不远了，只要更优秀一点，就一定能够成功!

2015年,董明珠终于实现了自己多年的愿望,格力成功跻身世界500强之列,排名也大幅度上升,位列第385位,与2014年相比,上升了116名,这份成绩来之不易,是格力人长久努力才获得的。

格力在拼力向世界500强发力的过程中,以进步快、跨度大而闻名,它的进步,是很多企业无法企及的。

2015年,在福布斯500强中,中国企业的前4位分别是:工商银行、建设银行、农业银行、中国银行。格力能够与它们并肩立于全球500强之列,意义深远,这也说明,中国的制造业也在进步、在成长,有些技术可以与国际水平相称,甚至超越国际水平。

格力跻身于世界500强之列,成为"世界的中国名牌",实在令人欣慰,对于它的成功,董明珠称更多的是因为格力在技术上的突破,这也是迈进世界500强的一道关卡,她说:"格力现在是中国的世界名牌,要成为世界的中国名牌,还有很长的路要走,技术上要有超前的意识。"

跨入世界500强,只是格力的一个短期目标,并不是前进的终点,董明珠说:"作为专业化企业,我当然希望格力在很短的时间内跨入全球500强,但这并不是最重要的,一个企业不是只做一两年,我觉得更应该考虑如何使企业发展百年,这才是最重要的。"

"百年企业"是格力长期的发展目标,虽然这不是董明珠一个人可以完成的,但她打下的基石尤为坚固。想要发展百年,就要以实力和技术作为基础,而科技带来的成果同样体现在格力的这次"登高"之中。虽然格力已经极为重视技术的发展了,但董明珠仍不满足,她表示:"科技创新投入,上不封顶,需要多少就投入多少。"

在格力内部,科研投入已达数十亿元,科研人员总数超过8000。2014年,格力发布的"基于掌握核心科技的自主创新工程体系建设"项目获得了国家科学技术进步二等奖,同时在同年推出玫瑰空调、润系列挂式空调等

第五章 破坏欲：格力的战场

多个产品,并积极投身建设智能环保家居系统的项目中。

格力在世界500强的排名中虽然位列第385位,却是家电类企业中排名第一的企业。能够在冲击几次后获得家电类企业第一名的成绩,也着实让董明珠吃了一惊,毕竟榜单中还有那么多国际家电巨头,这一战绩是可以写入格力和中国企业史的,这也是让全球家电企业对中国企业刮目相看的成就。

从"中国家电企业第一"到"全球家电企业桂冠",格力摸爬滚打了5年,这5年中,董明珠把格力家电带到了全球200多个国家和地区,并且现在还在向其他国家继续宣传和输出。在扩张的过程中,格力收获颇丰,无论是在成交额上还是在门碑上,都赚得盆满钵满。

很多企业家对董明珠说,格力赚了钱可以投资些房地产,利润巨大,会比现在赚得更多。中国"地产热"的确引得很多家电企业纷纷追逐,这也成了中国家电企业的主流行为,可面对这个热潮和别人的建议,董明珠毫不犹豫地拒绝了:"我们坚守实体经济,坚守实体制造业的发展。"

在与马云对话时,她也谈到马云"求巧"的创业方式必不可少,但是却不能多,中国企业本来就喜欢投机取巧,过多的窍门会让企业不顾消费者的利益。

中国企业要学习古人的匠心思维,也就是现在的工匠精神,她愿意做倡导人——"在支持中国制造业发展的企业中,没有'马云'不行,但是'马云'不能多,'董明珠'可以多"。

在商场中逆流而上是一件很难的事,但董明珠没有被这样的难题吓倒。格力在成长过程中遇到过很多难题,他们都一一解决了,现在也一样可以。

想树立国际品牌,就要先经营好自己的品牌。中国的许多品牌正在逐渐消失,很多人幼时熟悉的国产品牌已经不见了,还有一些被外企收购,这样残酷又可悲的现实,给董明珠带来很大触动。董明珠是一个有着很强的民族精神的人,她看中企业的品牌力量和实力,不愿让格力和那些曾经的"中国老字号"一起消亡。

中国企业并不是没有能力,而是放弃了创造的能力,不关注长远发展,只看重眼前的蝇头小利,这让他们失去了自主研发的动力,也失去了成为世界优秀企业的机会。在很长一段时间内,中国企业生产的产品在国际上一直是"低价产品"的代名词,可他们丝毫没有为这样的名声感到悲哀,并没有改变现状。

格力在还未成为世界500强企业的时候,董明珠曾对政府部门说:"它今天是世界500强企业,明天未必是;我们今天不是世界500强,明天未必不是;我相信我们有一份执着的精神,有一天一定能成为世界500强。"

显而易见,董明珠与那些"破罐子破摔"的企业家截然不同,她在做企业、用心研发好产品的同时,还有必不可少的自豪感和羞耻心。

产品能使企业占领市场,自豪感和羞耻心却能使企业拥有更大的格局。如果说技术和产品是格力跻身世界500强之列的敲门砖,那么企业的精神和文化,则是格力能成功跻身顶尖企业之林的根本原因。

除了保持向上的积极性,企业还要杜绝假冒伪劣、坑蒙拐骗的现象。企业想要发展,需要脚踏实地,用自己的双手赢得未来,而不是靠投机取巧和欺骗消费者。这样的企业价值观也得到了政府和世界的认可。

格力取得各项成就的同时,被问及最多的就是"以什么来判断一个企业的成功?"是交易额的多少,是创新技术的多少,还是员工的幸福感程度?在董明珠心里,这些都是判定一个企业是否成功的必要条件,但还有一项是,企业要知道自己该做些什么,不该做什么,不要被同质化。

谈起同质化,董明珠有话要说:"曾经有很长一段时间,媒体上发出谬论——同质化,我从来都是反对的,不要说产品是同质化,即使所有人穿戴一样,因为思想不一样也不能说是同质化。一个企业家的精神、思想决定了这个企业的品质和产品,不能用同质化来说明一个行业,我们要坚持做自己的事情。"

懂得自己要做什么的企业,即使眼下的成绩不好,只要持之以恒,就有机会成功。相反,如果企业都不知道自己应该干些什么,就算当下取得了一些成绩,长此以往,也会被市场所淘汰。

有目标和追求,时常自我反省,才是一个企业该有的态度。董明珠经常劝诫同行要懂进退、知难易、会反思,她常说:"如果我们每天有这样的反省精神,中国制造一定能走向世界,中国一定能够强大,我们缺的就是一种诚信、一种信心。"

世界500强的头衔让董明珠多了许多话语权,她的话更有分量,她也愿意同更多企业家分享格力的成功之道。"世界500强"像是一个魔咒一样,激励着其他中国企业家向格力学习,同时这也更鞭策着董明珠自己。

Chapter 6

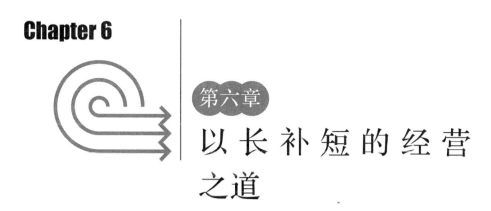

第六章
以长补短的经营之道

◎ 改制：格力模式

　　提起格力，人们就会想到董明珠，可能很多人都不知道格力的"全名"究竟是什么。通常来说，人们谈论的格力，指的是珠海格力电器股份有限公司，它的前身创办于1991年，是一家生产、售卖空调的企业，后来发展成集团，旗下有多家公司，而格力电器是其中最受瞩目的一家，同时也是获利最多的一家企业。格力成立之时，是一家国企，但随着社会和企业的发展，改制一事提上日程。

格力电器在改制之前一直受控于格力集团,格力集团则是一家依靠政府部门运作的国有企业,它拥有很大的职权,可以替格力电器做重大决定,也可以任免格力电器的人事。格力集团先后发展了多家企业,除了格力电器,还有负责新能源研究的公司和为员工建房的格力地产等。

位高权重的格力集团任性地行使着自己的权力,让其亲兄弟格力电器饱受其害。两个"阵营"之间的矛盾逐渐激化,彼此的复杂情形也被称为"父子之争"。当时身为格力电器总经理的朱江洪深受体制问题的困扰,他把这段时期称为格力"有史以来最困难的时期"。

在朱江洪受难之际,董明珠扛起了格力的大旗,大事小情她全权负责。

2005年,格力集团开始实施股权分置,多元化股权分化说起来容易,做起来很难。在朱江洪品尝苦果的时候,董明珠也在苦苦支撑。她通过分制改革让股份分散在个人手里,又通过一系列股权转让扩大了格力电器持有的股份,把资金交给更有能力的人。2006年,董明珠实施的减持计划让格力集团和格力地产持有的股份减少至20%以下,下降了近40个百分点。虽然格力集团还是格力电器最大的股东,但整个格力呈现出非常分散的状态,也更接近市场化企业。通过改变,董明珠将格力带上正轨。2005年,格力创造了182亿元的业绩,2013年发展到1200亿元,8年的时间销售额翻了近7倍,净利润增加了100多亿元。

2008年,珠海国资委开启了第二轮国企改革,他们本着"以国有经济布局调整和企业战略重组为重心"的原则,势要把格力打造成世界500强企业。不仅他们想要如此,董明珠更是心急如焚。第二轮改革是最为关键的一轮,关乎格力电器的未来和改革一事的成败。如果此时格力能够获得新生,就有可能冲击世界500强,反之,则可能再无翻身之日。

这是一场不能输的大仗,董明珠带领格力人庄重地迎接挑战。上下同心者胜,几次改制之事谈得都很顺利,格力展现出勃勃生机。

2012年,已经实行股份制的格力再次获得机会,改变了中小股东被动的局面。2012年5月25日是格力换届的日子,"小股东战胜大股东"成了格力改制的标志性事件,也是董明珠登上格力最高权力舞台的奠基性事件。这次会议成就了董明珠,同时也成就了格力。

2014年2月,董明珠接待了珠海市市委书记,双方谈了很多关于企业改制的事。随后,珠海市国资委发消息要将格力集团49%的股份公开挂牌转让,引进战略投资者。格力此举,"打响了地方国企改革第一枪",是十八届三中全会提出国企混合所有制改革后实施改制的第一家企业。国资委表示:"只要是有利于公司发展的,国资委都愿意支持。"

在董明珠发起的改制之路上,要特别感谢珠海国资委。地方国企的改制要遵照地方国资委的方案,珠海国资委能够在其他地方都未轻举妄动之时先天下而动,让利给企业,实属难得,这也是格力的福气。不仅政府开明,方案出台快,在执行过程中,珠海国资委也大力支持格力。

2月19日,格力进行了新一轮的改制,在这一次改革中,给格力最大帮助的依然是珠海国资委,他们用无偿划转的方式把格力集团所持的51.94%的股份注入新的公司,再把股份挂牌转让给愿意加盟格力的投资者,并且转让的股份不超过格力电器持有的49%,最后以国资委控股9%宣告转让结束。此举也是国企改制的里程碑事件。

面对媒体,珠海国资委慷慨陈述:"对于格力这类竞争性领域的国有企业,要充分发挥市场的决定性作用,引入战略投资者,发展混合所有制经济,引领珠海市经济转型升级。"

对于国资委的"退出",外界谈及最多的就是要把国资委驱逐出格力,董明珠否认了这种偏激言论:"发展混合所有制,不是要将国企和民企对立起来、一味强调国企退出,而是寻找二者融合的机会。不管这次引入的战略投资者是谁,都将有利于公司的治理和战略转型。"

3月11日,董明珠就改制一事接受记者专访时说:"一直以来,格力集团没什么好项目、好资产,只拥有了一家很好的上市公司,但这是远远不够的,想要发展就不能只依靠一家公司的力量,因此要引进战略投资者,寻找新的项目,并进行产业优化,最终能有自己的造血功能。"

格力改制并不是一边倒的局面,改制对于格力电器是一种解脱,对格力集团也是一种新生,两者各取所需、各谋发展,不用再捆绑在一起,可以选择的路也就多了。这一系列的改制并不是董明珠想要甩包袱,相反她要承担得更多。

如果在之前,国资委作为格力电器的领导,可以直接负责格力电器的各项事务,尤其是重大事件他们都要参与进来,而眼下,董明珠作为格力电器的负责人,肩上的担子更重了,也意味着她更不能出错,不仅要对格力的员工和消费者负责,更要对格力的股东负责,她的压力之大可想而知。

虽然压力大,但这种改变给了董明珠更大的权力和自由,她可以大展拳脚了。

改制之后,国有资本减持,股东变得多样化,企业管理真正地被管理层抓在手里。虽然改制后还会出现其他关于股权的问题,但不束手束脚,对于格力的发展已经足够。

改制的几年时间内,格力完成了大跨度的发展,董明珠也对企业提出了更多更新奇的设想,她希望未来格力能够给消费者提供整体性家居电器,提供一种生活感受,而不只是单一地售卖电器。

而今,她的设想正一步步地实现,格力手机、格力电饭煲,甚至格力汽车的出现,都印证了她的想法。

股权分置改革后的格力电器,作为"中国最市场化的国有企业",越走越顺畅,之后取得的业绩都是以此为基础的。至此,改制之事彻底结束了,被永远地记录在格力的历史中。

改革之后,越来越多的考察团来到格力,很多企业也想借鉴格力的经验,摆脱复杂的股制关系,他们还把格力的这种转变称为"格力模式"。

董明珠对考察团的事情很上心,她的参与度也很高,她想通过这种方式挖出格力和其他企业的不足,在交流之中共同前进。

格力的改制之路长途漫漫,每一步都稳扎稳打,永远走在改革的前面,顺应时代的同时最大程度地解放自己,可以说是教科书式的改制。这其中,董明珠自然功不可没。

◎ 世界舞台上的格力

格力发展态势愈猛,所需的施展空间就愈大。当已在国内显出鼎盛之势时,开辟国际市场也就成了自然而然的事。

早在2001年,董明珠就看上了巴西市场,并在此建立起格力的第一个海外生产基地,投资达3000万美元,这一基地主要负责巴西和南美市场的销售和技术问题。

格力产品一路畅销,巴西的分公司并不能满足国际市场的需要,随之,巴基斯坦等生产基地应运而生。与其他制造业不同的是,海外的格力分公司不负责生产,主要负责技术支撑和销售、管理等。

海外市场的成功建立,源于董明珠对产品的质量和创新的要求。2011年1月至6月,格力的海外销售额达到92.9亿元,占格力总销售额的24.39%,比上一年同期增长了61.78%。这样好的成绩,也让格力成了众多国际赛事主办方配套工程的合作伙伴。这其中,最备受瞩目的是2010年南非世界杯、2014年俄罗斯索契冬奥会、2016年里约奥运会。

众所周知,世界杯和奥运会是全世界共同关注的赛事,对每个国家来说都意义非凡,格力能够成为这种赛事的配套工程的合作企业,既是一种荣耀,也证明了自己的实力。

在巴西奥运会的项目中,格力实现了"三个唯一":格力是唯一一个以

100%自主品牌入驻奥运会的中国企业,也是唯一一个覆盖比赛场馆、奥运村、媒体村、酒店、机场等所有奥运会场所的品牌,更是唯一一个入驻奥运会的空调品牌。

在测试产品性能时,格力经受了最严苛的考验,但值得高兴的是,无论是在机体运作能力、稳定性还是节能方面,格力都有很出色的表现。在评选过程中,很多品牌没有经受住考验,最后格力品牌脱颖而出。

其中,性能是所有标准里最严苛的,在评比过程中,巴西奥运会组委会把空调的性能分为ABCD四个等级,其中A为性能最优、最高效的空调,入选的格力被评为A级,在奥运会期间默默为来参加奥运会的各界人士提供服务。格力空调还因其稳定的性能和环保节能两大特点,连续11年获得巴西国家能源部颁发的"总统节能奖章"。这是一份极大的荣誉。

除了评比项目,格力空调在巴西的畅销还得益于其抗腐蚀能力。巴西里约热内卢是一个沿海城市,处于热带,常年温热,湿度又高,因靠海,空气中含盐量也大,所以机器的受腐蚀程度很高。格力空调采用的纯内螺纹铜管冷凝器,大大提升了机器的抗腐蚀性,也延长了空调的使用寿命。

奥运场馆内的空调分为商用和家用两种,格力的家用空调配置了人性化的睡眠模式,为运动员的备战提供了保障,而商用空调则提倡节能耐用,能够保障多人的凉爽感受。

格力空调在巴西深受大众喜爱,连贝利、罗纳尔·迪尼奥(全名罗纳尔多·德·阿西斯·莫雷拉)等球星也对格力空调赞赏有加。

2015年,董明珠在"中国·巴西工商峰会"上讲话指出:"中国企业在海外投资,只有融入当地,克服文化、地域和政策差异造成的障碍,才能让中国品牌立足。"她一直把"中国创造"当成中国企业的出路,"国际上对于中国品牌的偏见依然存在,这与我们一些企业缺乏足够的责任意识是有关的,也是我们应该检讨的。现在我们应该给世界一种全新的认识,证明中国制造绝不是劣质、低价的代名词。中国企业要靠质量、技术和全新的服务走向世界,这是中国企业的责任,也是民族承诺!"

改变别人的看法虽然难,但也容易,再多的宣传都没有用,只有依靠实力才能为中国企业正名。成为入驻奥运会的企业,就是董明珠出的一记重拳。

在国际市场上开疆辟土,美国自然是不可错过的国家之一。2011年6月时,格力就在美国加利福尼亚州成立了分公司,这是格力国际化战略的重要一环,也彰显出格力国际化的野心。美国不是第一站,也不是最后一站,越来越多的格力分公司建立起来,为全世界消费者提供服务。

2012年3月,格力空调的广告出现在美国纽约的时代广场上,这是在此播放的来自中国的第二支广告片,之前播放的是中国国家形象片。美国时代广场是全球最繁华的购物和商业中心之一,广场前的大屏幕被称为"世界十字路口",每日客流量约10万,来自全球各地的人都在此驻足,是一个极好的宣传地点。

格力的广告片时长30秒,每天播放几十次,最高次数一天播放了140次,合作双方签订了连续播放5年的合同。播放的内容主要是格力和格力产品的介绍,体现了"中国的格力,世界的格力"的主旨。

与简单的设立分公司不一样,格力还宣传着自己的价值观,董明珠用"中国创造"代替了"中国制造",让世界知道中国不仅仅是一个加工大国,也是一个具有科技创新能力的大国。

在美国分公司的成立仪式上,董明珠表示:"我们的产品不仅要大量出口,而且要被国外当作高档产品。"中国不再是低价产品的代名词,中国企业也创造出了很多优秀的产品,中国企业的技术曾经很落后,但现在很超前!

想要在美国立足并不是一件易事,这个超级大国汇聚了世界上最先进的技术和最有实力的企业,没有实质性的技术创新,很难在这里站稳脚跟,但董明珠已经带着格力在这里站稳了脚跟,未来也还将继续伫立在美国。

在国际化进程中,还有一点值得注意,每个国家的情况不同,所需的空调也有差别,要区别对待,根据不同国家的实际情况设计、制造空调,这也是格力在各种赛事上受到主办方青睐的秘诀之一。

2016年,格力在全球拥有超过2亿的用户,格力自主研发生产的空调畅销世界100多个国家,在海外拥有500多家销售公司和专卖店。可以说,格力几乎覆盖了所有需要空调的国家和地区。

即便在世界经济处于低迷时期,格力也没有被经济形势所累,反而逆流而上,吹响了向世界舞台进军的号角,开始搏击全球空调品牌。这对格力的国际化战略发展有着难以言喻的推动力,格力也成为了中国企业的榜样。

在两会期间,董明珠还表示,格力不会停下拓展海外市场的步伐,未来的格力还会有更大的动作。

2016年,格力把海外市场的重点放在了越南和印尼等这种非经济中心的国家和地区,虽然这些国家和地区经济并不发达,但那里的人们同样需要空调。做企业,首先要考虑消费者的需求,无论是本国消费者还是国外消费者,都应重视。很多企业在国外发展之时,只盯着富饶地区,以为这样就能掌握全局,这其实是一种偏见。企业不仅要有功利的心态,也要有朴实的一面。

董明珠除了对国内市场宽容,也对国际市场充满耐心,在贫困但需要空调的地区,格力空调的价格达到了史上最低,但质量没有丝毫打折。这样的让利,在国际市场上极为罕见,董明珠通过这样的方式,让贫困地区的人们也能享受到空调带来的舒适。格力所做的一切,都被世人看在眼里。

2016年伊始,格力就发布了新一年的市场计划,其中对国外市场的重视程度更大。董明珠也把2016年看成是对格力很重要的一年。

相信在世界舞台上,格力会因为用心而变得更加熠熠生辉!

◎ 积少成多,开启低耗时代

格力对技术的渴求一直是业内公知的,2013年12月,董明珠又为大家带来了一项新技术——格力光伏直驱变频离心机系统。这项技术可以说是历史性的,它实现了人们一直以来的"贪欲",极大地节省了中央空调的用电量,实现了零能耗的突破。这项技术也被鉴定为"全球首创、国际领先"。

随后董明珠公布了格力的新产品——"零能耗的中央空调"。这种空调可以实现自给自足,真正地做到了杜绝浪费。格力又一次依靠核心技术站在了世界的舞台上,也提高了我国大型离心压缩机及冷水机组的整体设计水平。

产品推出后,在国内大获好评,万达集团董事长王健林也甘愿作为配角为格力新产品摇旗呐喊。在国际市场上,"零能耗的中央空调"也收获了颇多赞誉,格力的制冷机技术已经达到甚至超出了国际水平。

格力的技术一直在创新,每一次推出的产品都能超越前作,媒体把几年来格力的科技创新形象地比喻为"三级跳":第一跳是全球首台双级高效永磁同步变频离心式冷水机组的研发生产;第二跳是零能耗的中央空调;最后一跳则是2014年推出的磁悬浮变频离心式制冷压缩机及冷水机组技术。

"三级跳"是格力实现技术创新的最有力证明。"三级跳"的三款产品的设计初衷都秉承着低碳、节能、环保的理念,越来越严重的污染和高能耗不仅给社会带了巨大负担,也给企业带了技术难题。

据调查,建筑耗能占整个社会能耗总量的25%,建筑中空调的能耗约占建筑能耗的50%左右,降低空调的能耗对降低建筑的能耗意义重大,而空调的效率和节能主要看冷水机组的好坏,因此研究冷水机组就成了降低建筑能耗的关键所在。

格力的每一项技术革新都从低碳、节能、环保出发。其实,在"三级跳"期间还推出了很多技术性的产品,但都没有达到董明珠的要求,她对产品的超高要求,让格力技术部门既得到了前所未有的大发展,也时刻面临着巨大压力。

格力真正意义上让消费者了解到低耗空调,是从"零能耗的中央空调"开始的。"零能耗空调"主要是运用太阳能技术。太阳能无污染,取之不竭、用之不尽,是再好不过的能源。中国企业从未停下探索太阳能技术的脚步,但在空调方面一直都没有成型的产品出现。

董明珠在太阳能技术刚刚兴起时,就对其十分关注,也开启了格力对太阳能的探索之路。格力的这项太阳能技术填补了国内空调在太阳能技术上的空白,使得国内能耗方面的技术向前跨了一大步,同时也实现了量产化的应用。

对于格力的突破,专家也表示赞赏,"通过坚定、连续、高强度的研发投入,格力不断推陈出新,在行业内形成一种技术先导、品质先行的良性发展模式,以企业自身的跨越式发展推动我国整个制冷空调行业实现转型升级和可持续发展,使我们的行业和企业真正站上全球行业发展的制高点,真正成为产业技术进步的引导者和动力源。格力光伏直驱变频离心机系统就是其中很好的代表,它为空调系统节能提供了新的机会、新的方向,也为行业发展带来了新的空间。"

格力光伏直驱变频离心机减少了空调的损耗,提高了光伏能利用率约6%—8%,在整体安装流程上也更加简便,省下不少费用。这项技术已经获得了15项专利,打破了传统模式,具有颠覆性的意义。

在董明珠的领导推动下,格力的中央空调不再费电。在珠海格力电器总部试用期间,一台400千瓦的太阳能变频离心机从4月份工作到10月份,每天连续工作8小时,测试太阳能发电功率达到340千瓦,省下57.12万千瓦时,相当于省下燃油14.41万升或节省标准煤199.48吨。虽然数字不是很大,但积少成多,能节约下的数字是巨大的。

还有测评说,如果光伏空调系统大范围使用,可以有效地减小电网的负荷,也是另一种意义上的节能减排。

想要把"零能耗的中央空调"推广到全国甚至全世界,是一项重大工程。在企业中,这样的工作一般是交给技术人员的,但董明珠亲自上阵,向世界介绍格力的得意之作。她介绍了新空调的工作原理:经过格力自主研发的转换设备,太阳能被高效地转换成电能,储存在空调内,推动中央空调机组的运转。如果你以为格力的新空调仅此而已,那么就小看了格力的能力。在离心机工作和不工作时,其都能将多余的光伏能反向发给国家电网,使太阳能得以被充分利用,没有一点浪费。

很多人没有听懂董明珠阐述的原理,但对她讲的节能一事很感兴趣。董明珠是个商人,也是半个技术人员,她一直认为不了解技术就无法更好地宣传产品,无论从营销的角度,还是从经营者的角度看,了解产品、懂些技术都是必须的。

在商场上的修炼非一朝一夕,朱江洪用了20多年的时间,董明珠用了近30年的时间。也许是她不够"聪明",没有学会那套"偷奸耍滑"的本领,因此格力在发展过程中也延续了她的"笨"——孜孜不倦,脚踏实地。而正是长时间地像老黄牛一样默默耕耘,才让格力登上了其他空调厂商无法超越的高度。

介绍会后,大家对格力的这种节能空调很感兴趣,尤其是企业,使用中央空调的多,浪费的电也多。格力的这种空调如果能应用在学校、商场、写字间等地方,可以省下一笔钱,虽然不多,但积少成多,数目也很可观。一时间,订单越来越多,格力也加紧生产"零能耗空调"。

在会议后,董明珠又去了很多城市继续宣传新产品,还让员工把样机和介绍摆在各地的销售处,让每个格力的销售人员了解它的性能,以便更好地推广出去,同时在办事处放置了很多宣传资料。

2016年,董明珠已经62岁,离退休的日子越来越近,但她整个人完全没有显出老态,反而比很多年轻人更有活力,更有干劲儿!

◎ 格力——员工的康乐园

在中国,房子的地位举足轻重,世界上任何一个国家的人似乎都没有中国人热衷于房产。很大一部分中国人认为,有房子才有家和安全感,这种近乎疯狂的对房子的爱,也使得它成为一个家庭的必需品,每年的买房大军让房价越来越高,年轻人想要依靠自己的努力买一套房,实在太难。

一个优秀的企业,必然会想办法解决员工的难题。格力就是如此。董明珠看到员工艰难地攒钱买房,于心不忍。员工是格力发展的基石,是格力至关重要的一部分,关系到格力的未来。既然员工买不起房,索性建一栋房子给员工当作福利吧!

说干就干,这是雷厉风行的董明珠一直以来的处事原则。尽管管理层中有人质疑这样做费用太高了,但董明珠力排众议,建房当福利的项目在她的主持下风风火火地展开了。

董明珠深知员工为住房而奔走的状态,但感受却不尽相同,她说:"我住在铁棚时挺开心的,因为当时处于改革开放初期,能有机会去挑战人生就感到很高兴了,没考虑到自己未来的生活条件会怎么样,只是知道做好一件事而已。"

对于如今的房热、房奴,董明珠早有耳闻,但对这种价值观并不太赞成。国外的年轻人一般都是租房的,等到三四十岁有了一定的经济实力才考虑买房。而在中国,大学生一毕业就张罗着买房,大多数用父母的钱,房子成为"标配",成为年轻人"实力"的象征,这其实并不"健康"。

董明珠为员工"筑巢",一是帮员工解决实际困难,二是希望员工少些因房子而来的攀比心,把更多的注意力放在格力上。她说:"作为一名有责任感的企业家,应该主动为优秀员工创造基本的条件,让其安心为企业搞科研谋发展,企业的自主创新得靠人才。"

董明珠对于科技创新的渴求超乎想象,同时她对员工的关怀也是真真切切的。

早在2010年,董明珠就计划在一年的时间内为员工们建设"经济适用房",这些房子不对外售卖,只提供给格力员工,满足条件的格力员工都可以无偿居住。

她的做法很好,但有点像改革开放初期时的单位分房,她大方地承认这两者确实很像,但"这是不同的两个概念"。当时的分房是单位的一项福利、一项政策,任何人都有,而格力的"分房"是在为格力服务的原则上提出的,是帮助员工解决困难,留住人才,从而提高格力的整体竞争力。创新需要人才,格力也需要人才,所以才有了这项福利的出台。

不仅格力这样做,董明珠还呼吁更多的企业像格力学习,她说:"今年我将建议有能力的企业应自身先解决员工的住房问题并希望国家能在土地政策方面给予支持。这样既能留得住人才,也能为社会、政府减轻负担。"

在董明珠之前,也有广州的企业想要这么做,但由于重重阻碍,最后无疾而终了。董明珠不是第一个提出这样想法的人,却是第一个做成这件事的人。

房屋建设除了需要雄厚的资金实力作为基础,还需解决土地问题。这是很多企业无可奈何的事情,但在董明珠眼里,这却不是问题:"我不是专门来讨论土地问题的,而是为解决企业员工住房问题。涉及土地这个问题不是我单方面能考虑的,而是希望政府能从促进经济长远、持续发展的高度来考虑。"

霸道的董明珠这次依然霸道,她干净利落地处理了与政府之间的关系,不浪费国家的一寸土地,也不让员工受一丝委屈。在这样的状态下,"格力康乐园"一期工程竣工了,接下来开始分房。

格力分房的门槛并不高,每名加入格力的员工都有一间20平方米大的宿舍,结婚的员工都有机会分到一套50平方米的两居室。不仅如此,董明珠还承诺,只要是格力的员工,房子永不收回,就算退休了也可以一直生活在那里,不会被强制收回。

对于她的大胆提议,很多人好奇:她不害怕员工分到房子以后离职吗?她回应称,有这种疑问的人根本不了解格力,在格力工作三年以上的员工很少有主动离职的,格力的待遇也许不是最好的,但一定是最合适的,就拿住房来说,敢这么做的企业就没有几个。

"我们不推崇靠金钱留人,"董明珠表示,"格力要做的,是让员工在这个平台中有尊严感、有自豪感,那么他自然而然会留下来。今年投入上亿元给员工建房子,这也是我们应尽的社会责任。"

谈到社会责任,董明珠所做的更多,但她一直把提升格力员工的幸福感放在首位。在她眼里,如果自己员工的事情都处理不好,又有什么资格去关怀社会,获得赞誉呢? 很多企业只知道捐款、捐物、盖学校,但却一直压榨员工,在她看来,这是本末倒置的做法。

一个企业获得的任何成就都来自员工、员工家属和合作伙伴。是他们提供了一个企业的产品,产品过硬,才能赢得消费者的认可,这是员工的奉献换来的。进一步说,如果没有员工家属的支持,又怎么会有员工的安心工作?

除了硬件条件的建设,董明珠还关心员工的业余生活,她怕员工因为工作原因没有时间放松自己,所以让全国各地的格力分公司为员工开展各类业余活动。这不是一般意义上的业余活动，不是无聊的报告，而是电影和游戏。许多格力分公司把有时间的员工组织起来，一起出游，一起看电影，提升他们作为格力员工的幸福感。当然，费用是能免则免。

在格力，住房虽然不用花钱，但还是需要交点管理费的——每月不到200元，这笔钱交给管理处，他们负责格力公寓的日常维护。格力还给入住的员工补发水电费，算下来基本等于"免租"。

董明珠表示，虽然目前的住房确实有限，但格力的计划是实现"一线员工一人一室"，为了完成此目标，他们正积极地筹建。

住房的建设在紧锣密鼓地进行着，格力康乐园的小区建设也没有停下脚步。配套的员工活动中心，比如足球场、篮球场、游泳馆等，吸引了很多商贩，网吧、超市、医院、银行、饭店等在周边建立起来，甚至比其他的小区还方便。

在一期工程竣工后，董明珠还在继续着员工"筑巢"的活动。2014年7月，她投资近4亿元为格力员工建设住房，这是格力康乐园的二期工程，也标志着格力的愿望——"一线员工一人一室"并非口头上说说的想法，而是落到了实处。

在珠海总部的格力康乐园建设成功后，董明珠还在全国范围内开展了这样的工程，她希望"让格力人走到哪里都像回家"。在员工满意的同时，格力也通过这样的方式吸引着求职者，不靠宣传而靠实力，越来越多的员工加入格力，体验来自这里的温暖。

对于这样的工程，董明珠说她会坚持下去。格力对员工如此费尽心力，为的自然是让员工紧密团结在一起，为格力尽心尽力。

格力除了重视科研人员外，最在乎的就是一线员工，董明珠说："我们是要提高研发水平，可设计出来的产品终究要靠工人制造出来。研发人员想得天花乱坠，没有工人的双手，只能是空中楼阁，不能落地。"

水能载舟，亦能覆舟，格力与员工的关系就像舟与水的关系，只有两者和谐才能一帆风顺，否则就会浪起船沉。董明珠用实例证明了企业想要发展就要依靠员工的力量，他们的幸福感对于企业发展至关重要，没有员工，一切都是空谈。

第六章　以长补短的经营之道

◎ 格力的取财之道

1995年之前,格力有严重的债务问题,公司的经营状况一团糟,董明珠制定了新的付款方式,改写了行业间的游戏规则,格力的债务问题也随之解决了,由此走上了无债务的道路,这是从0到1的过程。

但好景不长,2001年之后,格力又出现了债务问题,年初时为11.16亿元,年末达到了29.33亿元,增幅比例惊人。追溯缘由,还得从董明珠制定的付款原则说起。

先付款再发货的交易原则,让格力不再有债务问题,无论是谁,只有见到了货款才能安排发货,经销商经过一段时期的适应,也欣然接受了这种方式,双方合作得一直很愉快。可旧问题解决了,新问题又出现了。

随着银行业的发展,越来越多的企业开始向银行贷款,企业通过这种方式缓解资金压力,银行也可以赚点利息,各取所需。董明珠为了方便经销商,减轻他们的现金压力,同意他们用银行的汇票来付款。这是一个双赢的合作方式。

银行作为中间人,帮助经销商开具汇票,经销商拿到汇票后交给格力,格力拿到汇票后开始向经销商供货。等到经销商收到空调,卖出的钱再还给银行,如果在6个月内还清,支付一些保证金就可以了,如果超过了6个月,就需缴纳滞纳金了。格力拿到汇票之后,如果想折现,只要到银行缴纳一定的贴现利息就可以了。这样的方法听起来有些像淘宝交易,而银行就像支付宝,保障着双方的利益,既免去了经销商的资金压力,又保障了格力的利益,让坏账少之又少。

在刚开始执行汇票方案时,董明珠还是有些担心的,所以她除了收空调的货款,还向使用汇票的经销商收取一定的利息。这样的做法引起了经销商的反感,他们说董明珠是暴君,赚的是暴利。有人指责,却没有人肯为格力担风险,格力开始从 1 滑向 -100。

不过,在确定这种交易方式可行后,董明珠开始展现她的豪爽与大气,不再向经销商收取任何利息,自己承担起了银行的保证金。有人说精明的董明珠终于傻了一回,但她之后的做法让人大跌眼镜。

2005 年岁尾,格力的应付票据数额达到了 17.6 亿元,全都是银行的汇票。董明珠把这些应付票据抵押给银行,又换出了一批汇票,虽然都是债务,早晚要还给银行,但却为格力争取了时间。利用这个时间差,格力用双倍的资金干了很多事情。用董明珠的话说,这是一个只赚不赔的买卖。

虽然这段时间,格力负债惊人,公司的运营资本为负,但内部的资金却很宽裕。不得不说,董明珠的这一招很精明,再次展现了她非凡的经营谋略。

在董明珠正忙着用汇票赚钱的时候,其他厂商还在转让债务,丝毫没有发现其中的商机。除了经销商应付的汇票外,格力在 2001 年收入的大量汇票中还有一部分是 2002 年空调的预付款。表面上看是债务问题,实际上都是格力的销售额。

格力在国内摆脱了债务问题,但在国际市场上却没有那么顺畅。董明珠在国际市场上首先要解决的就是债务问题。

2005 年,格力海外的销售情况已经步入正轨,应收账款的比例还可以接受。但到了 2006 年,董明珠发现国外市场的应收账目在持续增大。这种情况也在格力的年报上表现了出来——"本报告期出口收入较上年同期

第六章 以长补短的经营之道

增长76.67%，出口收入达39.84亿元，而应收账款较上年同期下降3%，这主要是公司调整出口流程以后收款周期大幅缩短所致。"

董明珠从来不是一个会抱怨的人，她甚至在别人还在抱怨之时就想出了应对的策略。为了缓解格力资金紧张的情况，她罕见地向银行借款1300万美元用于外汇市场，并在2006年上半年还清了债务。这次借款，是以格力信用为"抵押"，对格力的生产没有产生丝毫影响。

董明珠之前曾一再强调不会向银行借款，但这次她没有固执己见，而是选了一条最符合格力的路。对于向银行借款一事，她一直是很慎重的，在这之后，她每次向银行借款都是小额的，小到与格力的资产相比只是九牛一毛，格力也终于开始了从-100到100的转变。

与其说董明珠畏首畏尾，倒不如说她是谨言慎行。

不付款不发货是董明珠制定的销售模式，国内经销商凡是想与其合作的都必须遵守。也许，她坚持这种模式的时候也没有想到会为格力赚取多少资金，但格力的成功离不开这种模式。

甚至有人一针见血地指出，格力的成功完全仰赖这样的收款方式，还开玩笑地说，有了充足的资金，就算吃利息也能把一个厂子做大做强。显然，这么说是不公平的，就算国内市场可以没有欠款，但要想进入国际市场，就必须遵照国际行业法则，欠款或许是迟早的事。况且，随着商业多元化的发展，当下的付款方式未必适用于以后。

对于刻意模仿董明珠的商业模式的人，她劝他们要走自己的发展道路，形成自己的模式才能成功，模仿是无法超越的，"他们可以学走我的模式，但学不走我的思想。"

偿债能力是衡量一个企业发展状况好坏的指标，事关企业的财务能力高低，也是企业管理水平的体现。偿债能力分短期偿债能力和长期偿债能力，从董明珠的众多决策上看，她更看重短期偿债能力，出于对未来的不确定性的考虑，她很少与银行和经销商形成长期债务关系。

想要提升一个企业的短期偿债能力,从董明珠的做法上就能看出门道。在她改变现有付款模式后,只要是与格力达成合作意向,签订合同的经销商,格力都尽量在短时间内收齐其货款,以保证自己的资金充足。

除了快速收账,董明珠还把火力集中在库存上。在她看来,所有积压的空调都是应收的款项,库房里的空调越多,说明产品的销量越差,也就说明企业的流动资金在减少。此外,还要避免资金流的不必要浪费。一个企业一定会产生很多日常费用,这些费用是不可减免的,但可以更合理地安排。比如采购费,合理的采购数量自然能最大幅度地减少对资金的占用。

每一笔债务产生后,都要制订一个偿还计划,不打无把握之仗,只有合理的计划才能让企业的损失最小,董明珠很看重这一点,她平日里查看最多的就是账本。

企业还比较容易负担短期债务,但长期债务就要引起重视了。董明珠当家做主的前期,格力的长期债务问题严重,这让她很没有安全感。

其实,只要处理好企业的资本机构、提高企业的盈利能力,就能把握住长期的债务问题了。不过,说起来容易,但做起来着实不易,在这方面,一向霸道聪慧的董明珠也没有十足的信心。

在格力决定上市之时,雄厚的资本实力让格力可以免去融资的环节,这也让它在与其他家电厂商竞争之时更有底气。可以说,即便现在格力遇到什么风波,凭借它充足的资金也可以化险为夷。

从 0 到 1,董明珠用了 5 年时间,从 1 到 −100,她用了 20 多年的时间,而从 −100 到 100,则只需一瞬。

◎ "野蛮"式投资

2018年11月30日,格力集团正式发布消息决定投资30亿入驻安世集团,这是格力迄今为止最大的一次投资。安世集团是一家主攻逻辑、分立器件和MOSFET(金属氧化物半导体场效应晶体管)的企业,在该领域的国际市场上地位显赫,有了格力的入资,他们的未来更加值得期待。这并不是格力在芯片方面的首次投资,2018年8月14日,格力成立了珠海零边界集成电路有限公司,注册资金10亿元,董明珠借此向全世界宣布格力的下一个部署——格力将进入芯片领域。

我国的芯片市场一直处于紧张状态,2018年4月16日美国商务部对中兴通讯发出出口权限禁止令。这次禁止令事件让国人真正意识到中国芯片市场的空白,也让许多公司考虑进入该领域。市场空白虽然有着极大的诱惑力,但也面临着难以想象的困难,芯片产业研究难度大,人才紧缺,技术被行业巨头垄断,芯片本身的试错成本高、排查难度大也意味着其研发阶段的高额投入。诸多问题尤其是巨大的商业成本限制着我国芯片行业的发展,即便将来有利可图,如此长的回报周期也让许多企业选择观望,而一向敢想敢干的董明珠没有被这些困难吓倒,格力终于踏入了芯片领域。

芯片行业是中国的一块"心病",中国的芯片市场面临着买不来技术、赢不来市场的尴尬局面,唯一的出路只有加紧研发,拥有自己的芯片技术才能在原本稳定的市场中拼出一条血路。董明珠参与其中,不仅需要大量的资金,更需要企业家的社会责任感和对行业的判断力,即便如此大的投入都未必能换来企业的成功和行业的振兴。董明珠的此次出手可谓有魄力。

不知从何时起,我国的企业形成了"造不如买、买不如租"的做派,这种做法省时省力,却对我国的各行业的发展没有丝毫建设意义,改变如此局面需要企业的一次"破冰",推进产业链的发展,掌握自主技术,不再受制于人。也许董明珠会再次成为这次投资的试错者,一个行业的完善不仅需要成功者同样需要试错者,只有不断试错式的栽树,才有后人技术上的乘凉。与董明珠有同样想法的还有马云,马云全资收购了天微系统有限公司,也试图加入到振兴中国芯片行业的事业中来。我们无法预估董明珠这次投资的结果,但无论好坏,对于中国芯片行业来说都是一次好的尝试。

世界经济形势瞬息万变,芯片行业更是如此,中国的芯片行业正处于一个尴尬的时期,我们不能寄希望于国际市场的转机,只能迎难而上,拥有技术才能拥有话语权,才能改变中国芯片市场的尴尬局面,这一切都需要一个领头羊,董明珠和格力在此时挺身而出,主动承担了这一切,如同当初踏入风扇、空调市场一般。

格力的经营理念中有很重要的一部分是关于投资的,格力靠电器发家,却不止于电器行业,多元化的投资让格力从单纯的电器行业涉足到多个领域中,成为一家综合性的企业。格力的投资有成功的,也有过失败,成功的案例为格力收获了名誉和利润,而失败的例子却没有动及格力分毫,这便是董明珠投资的厉害之处。董明珠对于新能源汽车的方向把握准确,却没有找到一条适合格力的发展路径,才造成了新能源汽车投资的失败。智能手机的行业更是复杂多变,几家欢喜几家落泪,格力手机自面世以来一直处于竞争劣势,没有赢得丝毫市场份额就败下阵来。这两次投资失误

第六章　以长补短的经营之道

也让董明珠重新审视格力和格力的发展方向。

在智能装备上的投资为格力的许多再投资打下了坚实的基础,但在格力整个产业的比例并不高,而且她没有大规模追加投入,为此她解释说:"如果说,在一夜之间把数控机床做到与空调一样的千亿元规模,这不现实。但我可以说,我的数控机床要么不做,要做就做最好。现在格力的数控机床跟德国的一样,都可以用来加工我们需要的高精尖部件产品,这也是让我自豪的。"

而这次芯片行业的投资也会再次利用到对智能装备的投资。董明珠曾在采访中表示"我在投资上不会太过关注收益和分红。在资本市场,大家都要清醒地去投资,不能有投机心理。"这也是她一直以来坚持的投资理念——理性投资,对于利益的追逐是商人的本能,投资也需要看利益回报,但作为企业的把控者,一味追逐利益并不利于企业的长久发展,保持清醒地投资才能在资本市场"有利可图"。

在这次投资之前,董明珠对内部管理也进行了一次改革,她称:"在互联网时代,如果格力在销售体系上仅仅走京东等电商的模式,那么经销商肯定会失业。格力将把现代化工具运用到现在的销售体系中。格力在全国有这么多家专卖店,我们将利用大数据把全网打通,让经销商队伍转变为融合服务与销售为一体的队伍,让企业随时跟踪产品的使用和服务情况。"

这种变化不仅让格力更加迎合时代贴近消费者,同时能够监测行业的动态。董明珠的投资一直坚持多元化,从不将鸡蛋放在一个篮子里,也从不拿出自己的所有鸡蛋。因此她也遭遇了许多反对的声音,大多是针对多元化和专业化的问题,谈及此,她的态度很明确"(多元化的)成败与否,在于企业文化,而企业不可丢的是专注精神。"

格力在多元化投资的路上越行越远,有人质疑格力在空调产业的投入比例和在空调方面的未来,董明珠表示:"格力绝不会放弃空调老大的地位,要牢牢占据这一位置,既然做老大,就要不断有新技术出现。"

格力历史上经历过几次重大变革,大多是关于空调的,她介绍说:"初期,中国空调企业就是组装工厂,通过打价格战赢得市场。那时,格力制定公平竞争的环境,让格力上下游(产品)实现共赢,让经销商在面临危机的时候也可以保持稳定;格力意识到不能独霸天下,与经销商达成共识,后又形成区域管理模式,进行了格力销售体系的第二次变革;随着在规模上越做越大,格力内部也出现新的问题,格力需要在终端经销商领域进行变革。如若总经理执行不到位,就有可能会被免掉。于是,格力迎来第三次变革,将各地经销商统一起来,在销售体系上形成集中模式。"

格力有许多的投资策略,其中大多带有明显的"董明珠色彩",其最大的特点就是敢想敢干,这种投资方式带有些许"野蛮"色彩,对于这种"野蛮"色彩,她自己如此解释:"在这个时代,我们对成功人士有新的定义。不在于你有多少财富,而在于你对社会有什么贡献。我觉得值,就去冲。"

董明珠和格力的投资理念也许不适用于大多数企业,格力的投资理念从创业至今也发生了许多变化,这些理念只要能给创业者一些思考就是有意义的。

Chapter 7

第七章
除旧布新，走另一条路

◎ "全民"代言

代言人，一直都是一款产品的象征，有时甚至代表了一个企业。格力几经风雨，走过这么多年，其品牌代言人也从家喻户晓的成龙，变成了雷厉风行的自家舵手——铁娘子董明珠，此后又迎来"平民代言人"。谈起格力产品的代言，每个人心中似乎都有一段可以聊的故事。

人们第一次看到成龙代言格力空调，是在 2010 年 2 月的中央电视台上，画面上成龙亲切地介绍着格力的产品，这也是格力首次聘请影星担任代言人。

自2014年开始,格力没有与成龙续约。董明珠面对媒体,面对消费者,言及取消与成龙的合作时说:"可以节约成本。"成龙代言格力空调,每年的费用大约是1400万元左右,他代言期间,格力付出的代言费数额巨大,不过收获也不小。从2010年开始,格力的销售额一直上涨,轻松破千亿大关。

当然,把格力的销售业绩完全归于成龙有些牵强,但一个好的代言人的确能为企业树立良好的形象,在企业发展过程中有百利而无一害。格力的快速发展时期正好赶上了中国经济崛起的时代,格力的业绩节节攀升。成龙没有让格力的销售出现负增长,也就证明了他对格力的作用。这样的现实,更让外界对董明珠的做法费解:"绝对不是省钱那么简单,如果一个代言每年花一千多万,但有可能给你带来几十亿的销售增长,这时候省钱就是犯罪啊。"

看似玩笑话的背后,体现出的是同行之间的猜测。一直以来,明星代言都是一把双刃剑,如果明星某一时期的公众形象良好,企业就会有很大的收益,可一旦明星发生什么负面新闻,企业也会遭连累。

显而易见,选择代言人也是有讲究的,一个企业选择代言人除了要关心明星的热度,也要考虑契合程度。比如,让海清代言家电产品就很合适。不过,对于格力而言,再合适的代言人也没有董明珠自己合适,毕竟没有人比她更了解格力的产品——她简直就是行走中的广告。

出于种种担忧,也出于对代言模式的存疑,董明珠没有再启用任何明星作为格力代言人,她自己走上了舞台。

2014年年初,董明珠携手王健林一同出现在格力的广告片中,介绍格力的新产品——太阳能空调。两位企业家虽不是明星,但在中国家喻户晓,广告片一经播放便赚足了眼球。

请来知名的企业家王健林,董明珠却没有给他一分钱的代言费。有人

第七章　除旧布新，走另一条路

好奇董明珠为什么不借此机会拉拢"首富"，她回应自己给首富省的钱够多了，远比代言费有说服力。就像广告中描述的那样，王健林自己的多家公司都使用格力空调，而格力的新空调利用太阳能的方式储能，每年可以节约高达10亿元的电费。

两人合作出现在广告中，也把两家企业再次推到人们的视野内，不少人士纷纷猜测两人背后是不是有什么合作。董明珠证实，格力和万达确实已经在私底下达成合作共识，以后万达所有的电器设备都由格力提供，就连未来在全球范围内的电器投入也由双方共同完成。强强联手，既是共赢，也是抱团发展。

近几年，国内迎来了经济低潮，牵涉行业广，波及时间长。董明珠和王健林的跨界合作，在此时给人们带来了新鲜感。

虽然刚做上代言人的董明珠就迎来了空调行业的冷静期，各种品牌空调的销量都有所下滑，作为格力董事长的她比任何人都要焦急，但她很快联合众多企业开展支持民族事业的活动，由此促进了空调的销量。成果显著，格力暂时度过了危险期。

在国内，最为知名的企业负责人为产品代言的案例可能要数董明珠，而提起美国的苹果公司，人们津津乐道的便是当初乔布斯在产品发布会上侃侃而谈的形象，他虽不是代言人，却更似代言人。东西方文化的差异显而易见，中华文化的中庸之道让人不愿出风头，而西方文化中的"张扬个性"，促使很多人都想表达自己。

两种文化的差异，也带来了两种不同的商业模式。不过，董明珠正在把格力从一个内敛的企业带向一个让消费者更为熟知的境地，也把消费者对她的印象转变成信任，增加格力的销量。

现在的消费者变得更加挑剔，高大上的明星也许并不能转变成实实在在的销量，有时候一个好的文案和互联网宣传却能帮助商家轻松地完成推广任务。互联网时代，消费者需要的是参与感。

出于这样的考虑，2016年5月，董明珠开展了"我为格力点赞"的线上投票活动，虽然此活动只在安徽小范围内试行，但也得到了网友的大力支持。董明珠称这次活动为互联网的试水活动。这是一个为期一个月的格力代言人有奖评选活动，获奖的选手最后可以免费获得价值3000元的空调作为奖励。

这次活动的效果出乎董明珠的意料，不仅收获众多"董粉"，也让她对代言人一事有了新的想法。

在会场上，一位网友直言："这次活动不仅让我们获得了奖品，更是再次切身感受到格力家电的专业和工作人员的热心服务。"也有消费者表示信任格力产品，他告诉记者自己家有一台用了超过10年的格力空调，现在运行依然良好，如果以后再选购空调的话还是会选格力。

这次活动共选出了10名格力品质代言人，他们都只是普通的消费者，没有光鲜亮丽的外表，但他们的声音却是最有力量的。这也是董明珠一直坚持靠口碑宣传的最有力的证据。商家做广告的目的就在于吸引消费者，但靠代言人的吸引并不是长久之计，只有靠实力留住消费者，才会让企业永续发展。

董明珠开创了"全民代言"的时代，消费者就是最好的代言人。与其瞩目明星的万丈光芒，倒不如把身边的点滴星光汇聚起来，形成光的海洋。相信格力从明星代言转为全民代言之后，会走上"产品代言"之路。

◎ 空调变革时代

董明珠非常看重技术。1996年格力推出"冷静王"分体式空调,效能为3.35,噪声为34.2分贝,是当时国内声音最小、制冷效果最好的空调,由此掀起了人们对新技术空调的关注。

当人们对新技术的热度还没有消失之时,1998年格力又推出了三款技术性空调——新型换气技术空调、格力2000、天井机等产品,同时还提出了天井机技术的研究,把消费者再一次带到了浩瀚的技术领域中。

两年时间,几款新技术空调,董明珠让消费者明白了一个道理:技术可以改变生活方式,使生活的方方面面变得更便利。这也是格力一直以来的奋斗目标。

格力的新空调自推出起就成为人们关注的焦点,消费者的反响也不错,其他的厂家纷纷效仿。当时董明珠还代表格力提出了一项新的技术——变频技术。许多厂家也跟风开始研究变频技术。

在格力还没有生产变频空调之前,就有厂家推出了变频空调。但当时的变频技术并没有达到出厂标准,尤其是半路出道的变频研究还处于一个较低的水平,不足以满足消费者的需求。很多变频空调在投放市场后获得了消费者的青睐,但买回家之后都出现了"死机"的现象,一时间,变频空调成为厂商和消费者的噩梦。

在变频空调大肆扩张，占领市场的时候，董明珠对格力的变频空调技术只字不提，只称时间未到，格力不会参与这次变频争夺战。

后来她才透露，格力那时还处于变频空调技术的研发阶段，还没有成熟的技术可以投放市场。同样的空调材料，别的厂商把关注点放在怎么降低成本上，格力却在研究如何让空调更省电、声音更小。有时候，就算能比同行业的冷输出多 0.1 瓦，他们也会加班加点地研究。其实，0.1 瓦根本感觉不出来，竞争上也没有多大优势，但格力依然很看重。

制冷也同样是日积月累的事情。中国夏季最热的地区当属吐鲁番了，很多厂家的空调送到那直接"歇菜"。董明珠把专门供给沙特阿拉伯的空调送了过去，不但没有"热趴下"，反而工作顺畅，就这样，整个吐鲁番地区的空调订单都涌到了格力。

格力是在 1997 年推出变频空调的。董明珠为了让大家看到格力空调的效果，把变频空调送进了全国各地的格力办事处。很多经销商和消费者看到格力的变频空调，都有想买一台试试的想法，但是董明珠却迟迟没有发布开卖格力变频空调的消息。

一年又一年，变频空调的热度消退，董明珠仍然没有开始售卖，大家都不知道她在等什么。直到 2000 年，董明珠正式发话要卖变频空调了。有人问她为何不在一开始趁热推出变频空调，她用一直以来的理念回应——"不拿消费者当试验品"。

自 1997 年设计生产出变频空调的样机后，格力就没有停止过对变频空调的研发。董明珠一直认为现有的变频技术不稳定，是不合格产品，卖给消费者会酿成大错，所以就算再多的厂商推出变频空调，董明珠也隐忍不发。

到了 2000 年，董明珠看到科研部门送来的变频空调，意识到时机终于成熟了。她让科研部门再次确认，科研部门通过反复测试生产了 50 台样机，开机后能够持续运行，没有问题。董明珠开心地表示，格力终于有自己

第七章 除旧布新，走另一条路

的变频空调了。

董明珠把自己的工作重点全部投在变频空调上，她希望能通过这次产品的推出，让消费者知道格力不仅是空调的代名词，更是质量的代名词。

产品推出后的结果没有让董明珠失望，与其他变频空调相比，格力的变频空调受到了更多的关注，销量也一路看涨，董明珠十分欣慰，表示自己并未耽误格力变频空调的售卖，不是格力的"罪人"，还开玩笑地对人说，她的霸道是有成绩的，还要继续"霸道"下去。

董明珠平时爱开玩笑，但对待工作时依然是严肃认真的。有经销商抱怨她错失良机，如果再早些投放变频空调，格力在这一块市场的份额会更大，也会赚到更多钱。听着经销商的惋惜，她耐心地讲起了格力"沙漠空调"的故事。

"沙漠空调"，顾名思义是专门为炎热地区设计的，按照国际惯例，"沙漠空调"必须要能在气温43℃的地区使用才行，而格力则要求自己的"沙漠空调"必须能忍受52℃的高温天气。根据国家标准，空调电机的表面温度达到70℃，空调能够正常运行600小时就是合格产品，可董明珠对格力有更高的要求，她要求在此温度下能运行1000小时才是合格产品。

在铜管的使用上，董明珠也力求做到最好，她不顾成本，坚决使用世界上最好的铜管制造商生产的铜管，质量当然没话说，价格自然也不低，一根铜管比其他厂商高5％。

"沙漠空调"的故事不仅发生在荒芜的沙漠地区，还发生在重庆地区。

2006年的夏天是个酷暑，重庆迎来了50年一遇的高温天气，当地的气温已经达到44.5℃，并且连续96天无降水。很多原本运转良好的空调遇上这样的高温天就出现了故障，很多消费者家里的空调都需要更换，但耐不了高温的空调让他们无从下手。

董明珠把格力的"沙漠空调"运到了重庆的卖场里，但消费者害怕又是"哑巴空调"。为了解除消费者的顾虑，董明珠把空调放在自己的经销处没日没夜地使用,给消费者做个样子。即使如此高温下,空调的运转依然良好,这打消了消费者的疑虑,空调的销量开始提高。

"沙漠空调"在完全意外的状态下畅销了,毫不费力地占领了重庆的空调市场。

一直以来,大家都把格力空调的畅销归功于董明珠的销售经验,认为只要有了董明珠,空调就一定会大卖。董明珠倒不赞同这样的说法,她始终坚信空调卖的是质量。当然,如果没有她坚持的高标准,将"沙漠空调"的质量提上一个新台阶,格力可能也不会在重庆大获全胜,可归根结底还是要靠质量说话。

格力无疑是业内佼佼者、启发者,但却不是引领者,其很少第一个推出新式空调,在其他厂商跟风推出的时候,格力还在埋头做苦工。就像董明珠一样,不在乎周围的声音,只把认为对的事情一直坚持做下去。

一次,董明珠与记者聊天时谈到了格力品牌的认知,记者说格力空调与其他品牌不一样,其他品牌是先认识空调,但格力却是从认识董明珠开始的。对此很多人不怀好意地推测:格力空调可能会"富不过三代"。

董明珠解释说,虽然大众熟悉她,但买的仍然是空调,质量才是关键,就算她再有力量,消费者买了空调后发现不好用,格力的销量也不会这么好。她甚至断言,即便自己离开格力一段时间,格力依然不会出问题,所以不是她一个人提高的销量,而是产品本身吸引了消费者。

"我的目标很清晰,作为格力品牌,不属于我个人,也不属于珠海市,我认为它属于中国人,我把它看成是中国人的品牌,并要将它打造成世界品牌。"面对媒体的疑问,她阐述心声:"我们的奋斗目标离我们所达到的目标还有距离。我认为从技术上提高还要从市场占有率上提高。"

格力空调掀起了空调变革时代,董明珠很欣慰,可她并不满足,她相信格力还可以飞得更高!

◎ 格力的"工业精神"

2006年3月,董明珠在全国人民代表大会上提交了一份有关"工业精神"的议案,引发了大众的广泛讨论。但在董明珠的世界里,"工业精神"其实已经被她"实施"很久了。在人们的印象里,董明珠一直是独来独往的,出差不带秘书,与谁的关系都不亲密。她确实也是这样的,作为行业领跑者,似乎孤独才是她的常态。

董明珠的存在让很多人意识到,市场经济时代下还是有人选择不以利益优先、愿意付出的"匠心精神"这条路的,这在世界通用的经济语言中被称为"工业精神"。

董明珠与其他商人完全不同,她不是一个特别关心市场利益的人,因此格力充斥着一种"老黄牛"的精神,大多数员工都认为只要把产品和服务做好,消费者自然就会买账。

在会上,董明珠还提议设立"中国工业家"奖项,由国务院负责每年的筛选评比活动,奖励那些为中国创造品牌和引领时代精神的企业家。她希望通过这样的方法来督促当代企业家多干实事、少讲空话。中国虽然是世界上的制造业大国,但距离强国的目标还有很长一段路要走,中国的制造业想要有所突破,必须脚踏实地。

董明珠从来不是一个坐井观天的领导者,她一直都在寻找使格力腾飞的方法。

工业精神,确实是欧美所倡导的企业精神,但董明珠接触的时间并不短。自她登上格力的权力舞台后,就一直在学习,不仅从前辈的管理之道中汲取经验,还悉心研究西方国家强大的原因。

很多人不满董明珠的做法,认为她异想天开,中国市场要有中国特色,并不是每种主义都能拿来直接用的。甚至有人出言不逊,说她多管闲事,把自己企业管好就行了,何必给其他的企业家套上枷锁?

她想找到更多的同伴,在诸多的实践后,她才了解到自己一直遵守的游戏规则早就有了,而且一直被称为"工业精神"。像是找了可以同行的伙伴一样,她高兴得像个孩子,等待着神奇时刻的降临。但是,她以为的同伴并没有义无反顾地支持她,相反,他们对她的做法充满疑问。

在读完《亨利·福特自传》之后,她无奈地说:"我想我是寂寞的,至少在中国的制冷工业界。我一直把踏踏实实做事的'工业精神'作为格力的发展信条之一,但真正读懂其中含义的人又有多少?"

道不同不相为谋,孤独的她只得只身前行。但就算独行也要有傲人的姿态,"在聪明人居多的美国,只有一个发明汽车的福特。而同样,在快速发展的中国工业界,也很难找到与格力惺惺相惜的同行知音。"

万幸的是,随着时间的推移,与她想法相近者似乎越来越多,原来的不谅解逐渐消失,越来越多的同盟者站在了她的身边,"工业精神"终于得到了认可。

董明珠就像是《阿甘正传》里的阿甘一样,在独自奔跑了多年以后站在了领奖台上。100多年前,福特用惊人的毅力践行着工业精神,100多年后,董明珠同样用"工业精神"感动他人。

在格力销售产品的过程中,董明珠一直告诫员工千万不要进入这样一个怪圈——"价格低廉—压价竞销—贸易摩擦—出口受限—资金短缺—提升产品结构受限"。一时的损失不代表什么,长期的损失才是大事。

第七章　除旧布新，走另一条路

早期的格力，朱江洪负责产品技术，董明珠负责与外界的沟通营销，两人合作的几十年里，都在"工业精神"这条道路上收获颇丰。

在格力内部，严格的董明珠已经把"工业精神"融入生产销售流程中。而在外面，她也严格要求经销商："你不能说今天卖格力，明天卖其他品牌，然后再卖一个什么。空调不好卖，卖洗衣机；洗衣机不好卖，卖冰箱。我就要你一辈子都做格力空调。"如果经销商有换来换去的主意，也会被董明珠拒之门外。

全国的经销商，无一例外地都要严格遵守格力的规则，对手攻击董明珠，说这是"暴政"。董明珠并不在意，因为她筛选经销商的方式说明了一切——只有互相认同的两个企业合作之时才能避免不必要的纷争，合作起来才会顺畅，才会有意义。经销商们对格力的企业文化"绝对认同"，因而没有"暴政"一说，这也使得"工业精神"在经销商的渠道中得以传递。

而"商业精神"之所以被董明珠排斥，也是有原因的。从信息产业部公布的数字来看，2005年中国家电行业的盈利率仅为0.61%，已经面临亏损。以格兰仕为例，2005年格兰仕的销售额达到120亿元，但盈利只有1000万元，差距甚大。国美、苏宁等家电商场每年都会推出几次大促销，把厂家的利润压得所剩无几，再加上每年的价格战，厂家的盈利所剩无几。虽然年终总结时，销量巨大，交易额也不少，但是利润却没多少。厂家们都在受此困扰，但没人敢不参加打折促销。

中国的家电行业年利润率一直徘徊在2%左右，国际市场则一直保持着5%的利润，对比之下，就能看到差距了。国外虽然每年有促销活动，但其促销程度远没有中国大，也没有那么频繁。他们不以价格为宣传方式，而是以质量和性价比吸引消费者。虽然这样的效果不算明显，但客户群更为稳定。

国内多采用降价来吸引消费者，有些厂家不顾在质量上大打折扣也要降价。有媒体爆出厂家生产的促销产品与原价产品的质量不一样，而被爆出后,或者一种产品没有利润后,厂家会"打一枪换一个地方",生产其他产品。这是比较低端的生产商,有些更"高级"的厂商会积极发展其他的生产线。

董明珠做生意一向讲究"先做事再赚钱",有了产品的质量,才能"任由商场巨变,我自岿然不动"。

空调行业一直处于尴尬的地位,几家生产厂商都掌握了空调的基本技术,但对于更尖端的科技知之甚少,有些厂商选择着重当前的发展,而有些厂商既要现在也要未来。董明珠就是一个"两手抓,两手都要硬"的人。她在把当前的空调销量稳定之后,马上开始对新空调的研发。

可是,研发空调是要花大价钱的,她也在意格力的财务状况,但想要发展,践行"工业精神",就必须有牺牲,她在保障当前资金流的前提下花大价钱送科技人员去国外学习,也买进了最先进的空调制造设备。久而久之,格力的空调制造技术也有了一定的提升,但她仍未止步。

格力的"工业精神"不仅表现在销售和研发上,也表现在制造上。在原材料价格不断上涨的时候,人工费用也涨了上来。双重压力下,很多生产厂商都选择降低原材料标准,可董明珠不同意这么做,她要求继续使用名牌压缩机电机、优质镀锌钢板、螺纹铜管等材料,甚至还在可选范围内选择更优质的原材料。在她眼里,只要是好产品,就一定能卖上好价钱。

董明珠身上也有这种"工业精神",她能够守得住寂寞,用心工作,依原则办事,且几十年如一日。作为责任感强烈的负责人,她的眼里容不得沙子,这也给她带来了很多困难。可也正是种种阻力督促着她,让人们看到了中国"工业精神"回归的可能性。

"工业精神"是一种服务精神,是一种以质量为前提的态度,这对想要成为世界性企业的中国企业来说尤为重要,也是想要更进一步的格力必须具备的企业精神。

第七章 除旧布新，走另一条路

◎ 责任、创新、影响力、推动力

2006年是格力收获颇丰的一年，越来越多的关注和产品销量证明着它在中国家电行业的身份和地位，它也从一个小品牌变成了一个家喻户晓的品牌。2007年1月20日揭晓的"2006 CCTV中国经济年度人物"就证明了这一点。

董明珠的名字赫然出现在年度人物的获奖名单上，同时，她还摘得了此次年度人物的桂冠。这位"工业精神"的倡导者、践行者，终于走上了中国经济人物的舞台，用实力证明了自己一直尊崇的游戏规则是对的。

"工业精神"，这个在国外早就流行的词汇还没在国内找到它的落脚地。工业精神与商业精神是截然不同的，工业精神指的是不怕吃苦、勇于奉献，对消费者、对社会、对公众有高度的责任感，而商业精神则强调"君子爱财、取之有道"的合作精神，先看重自己的利益再进行目标客户的筛选。

两种精神，一种强调产品至上，一种强调客户沟通，都很重要，但侧重点不同。董明珠是国内率先强调工业精神的企业家，她认为的工业精神是"少说空话、多干实事，全心全意关注消费者的需求，主动承担社会责任，用企业的力量推动社会发展，偶有行动都必须为未来负责任"，她还把这种精神称为"吃亏精神"。

在中国商界，有一个很明显的现象——"跟风"，只要一种产品热销，大家纷纷投入，没有人想到热潮消退以后会怎么样，这就是典型的"商业精神"。

在格力早期，也出现过一段跟风的时期，那时候有一种空调供不应求，格力也加大生产。但跟风过几次之后，董明珠发现这种生产模式总被人"牵着鼻子走"，一旦没有跟上风、跟对风，销售业绩就会十分惨淡，还可能会让格力的生产线不协调，甚至面临崩溃。

意识到危机后，董明珠马上找朱江洪商量对策，他们面前有两条路：一是跟风生产，保障目前的销售；二是不跟风销售，开创自己的空调品牌，但很可能会饿死。两种模式，各有利弊。有人也许有疑问，两种模式同时进行不行吗？这样做也是可以的，可当时的格力还远没有现在的规模，只能承担起一条生产线。

左右为难之时，董明珠发现，空调不比其他行业，就算再跟风，只要有完善的技术作为支持也不会卖得太差，它不像衣服，衣服装饰性大于实用性，空调是一种实用性大于装饰性的产品，消费者对这一点也是认可的。发现这一点的董明珠像发现了新大陆一样，马上开始着手新空调的研发。这也就是她工业精神的来源。

董明珠获得年度人物的大奖，其实也是外界对工业精神的一种肯定，与她一同获奖的还有来自证券、金融、风险投资、零售、IT、航空、新能源等领域的精英，比较而言，传统行业的董明珠能够获此荣誉，着实不易。

在颁奖现场，很多人好奇是什么支撑董明珠长时间的工作，甚至为格力牺牲了自己的生活，她回答：责任心是支持她的理由。她一直致力于把格力打造成世界级的品牌，成为中国人的骄傲，一天没有实现这个目标，她就一天不会主动离开格力，离开大众的视野。

"一个有责任的人，要敢立潮头勇担重任；一个有责任的企业，要产业报国造福社会。"对于如此高的评价，董明珠显得很低调，她表示自己只是在尽一个企业家的责任，格力能够有今天的成就绝不是她一个人的力量，

第七章 除旧布新，走另一条路

是格力全体员工一同努力的结果。但我们都知道，于格力而言，她是那个付出得最多的员工，没有她就没有如今的格力，反过来说，没有格力，却会有董明珠。

信念时常敲打着董明珠，让她不忘初心。2006年，格力已经是一家拥有国内外四大生产基地的企业，同时它已经稳坐国内空调销售榜首12年了，无论是产销量、销售额，还是市场占有率，格力都是翘楚。这一年，格力的销售额已经超过200亿元。2005年、2006年，连续两年，格力的空调销售额排名世界第一，为国家创造了65亿元的税收。拥有如格力一样的企业，当真是国之福！

"2006 CCTV中国经济年度人物"评选活动的主题是"责任、创新、影响力和推动力"4个方面。

责任心，一直都是董明珠的强力支柱，她作为格力的当家人，一直把格力的发展当成首要任务。与此同时，她也没有忘记一个企业家的社会责任，不仅将格力的收获回报社会，还拿出自己的积蓄帮助有需要的人。与社会上"无商不奸"的现象对比，格力和董明珠都担得起良心企业和良心企业家的称号。

而提起创新精神，格力更是当仁不让。格力是国内少数几个以技术取胜的传统产业公司，在它刚开始起步时，就已经想到了创新。第一批赴外学习的空调企业，第一批打进国际市场的品牌……很多关于空调的第一次都出现在格力身上。这当然与朱江洪和董明珠对创新的重视是分不开的。

近几年，董明珠带领着一种潮流，她的从业经历被搬上了大荧幕，传播到大江南北，无数青年人以董明珠作为榜样，朝着自己的目标前进。对于这样的现象，她很欣慰，她平时就喜欢去大学里给学生们讲讲她的经营之道，她愿意成为积极、正面的标杆。每当有人谈到这些，她总是低调地回应："没有什么，互相学习。"毫无疑问，这自然是一种"影响力"。

推动力是一种企业必要的却很不容易做到的品质，它要求一个企业有自制能力,同时还要具备带动能力。作为行业领头羊的格力自然拥有这种品质,但董明珠知道他们还需要更大的动力来前进。

在颁奖舞台上,主持人的颁奖词细数着董明珠的优秀,"十年磨一剑,她永不妥协,专注如一,用'中国制造'创造世界纪录。她让全球为东方明珠喝彩:好产品,中国造。"随着主持人慷慨激昂的语调,董明珠仪态大方地走上舞台,一身白色的职业套装显得干练庄重,发表获奖感言时有力而不生硬。

评选结果出来后,董明珠被媒体誉为"照亮中国经济的杰出女性",这样的头衔,她当之无愧。在此前,她就一直是全国各种企业家奖项的热门人选,"全国五一劳动奖章""全国杰出创业女性""全国三八红旗手""世界十大最具影响力的华裔女企业家"等荣誉都被她收入囊中。在2005年11月,董明珠就获得了美国《财富》杂志评选的"全球50名最具影响力的商界女强人"的称号。2006年3月,她还荣获"2005年度中国女性创业经济大奖",当选"2006最具领导力的50位CEO","正在影响中国管理的10位女性"之一,"中国十大女杰"广东省唯一的候选人……诸多荣誉加于其身并未让她忘乎所以,她还是与从前一样,有力而不张扬。

在董明珠的带领下,格力屡屡攀至行业高峰——"世界名牌""中国空调行业标志性品牌""进出口免检产品""全国质量奖"……欲戴皇冠,必承其重,格力的这顶皇冠戴得很牢!

第七章 除旧布新，走另一条路

◎ 品牌就是成就

在中央电视台《对话》栏目中，董明珠讲述了她与格力一同成长的经历，同时阐述了一个品牌的力量和格力这些年所走过的品牌之路。

她在节目中提到："要成为一个世界名牌并不是一个广告就能够决定，而更多是你的技术领先。我们现在的专利已经有700多项，都是我们自己研发的，从家用空调到商用空调，现在用的全部都是自己的技术，特别是离心机的核心技术，是我们自己研发出来的，我们第一台8万平方米的离心机，已经安装在黄山的一个五星级大酒店，我觉得这就是一个成功的标志。格力没有做不到的，但是我们并不因为做到了而满足，而是我们要更多地提高自己，更苛刻地要求自己，希望格力在这个环境下能够领先于世界。"

从董明珠的叙述中可以看出她作为格力总裁的自豪。空调行业自从在中国生根发芽之后，在很长一段时间内都没有自己的技术。在中国的空调厂商中，"拿来主义"横行，没有人想改进现有的技术，都想着如何能多卖几台空调。

董明珠不是一般的商人，朱江洪也不是一般的领导者，格力更不是一般的生产商。早期的格力正是因为有朱江洪紧抓技术，才能在百花齐放中一枝独秀，占有一席地位。董明珠也正是看到了朱江洪之举的收效，才更意识到技术的重要性。

她掌权格力后,一直没有放弃对技术的关注,任何时候,她都把保障技术部门作为第一要务。在格力内部,员工们经常自我调侃说技术部门是亲妈养的孩子,其余的都是后妈带来的孩子。可就是因为重视技术,格力才从一个城市走向全国,并逐步走向世界。

重视技术,在格力早已习以为常,但在其他空调厂商中并不多见。很多厂商把销售部门作为全公司的核心,甚至有人嘲笑董明珠是在"耽误人才"。这种质疑,她一直是不予理会的。如今,议论她的那些人早已不见踪迹,但董明珠和格力却越来越多地活跃在大众的视野内。

董明珠在面对公众时,始终保持着一种从容不迫和果敢镇定的姿态,大家从未见过她迟疑的神情。这除了她作为女强人的自信,更多的是格力这个品牌给她的底气。

格力是中国最早出现的空调品牌之一,也是第一个选择自主研发的空调品牌。在大家抢着赚钱的时候,董明珠把钱拿出来送员工到国外去学习,换回来的是先进经验。许多机器在那时被拆开,组装,再拆开,再组装……功夫不负有心人,格力的空调技术在借鉴他人的基础上也得到了大幅提升,甚至比日本、美国的技术还要先进,打破了两者一直以来的技术垄断。

与世界大佬叫板,必须要有底气,董明珠的底气,就是格力的技术。越来越多出口的订单证明着格力的非同凡响,虽然出口空调在国内只是一个"标题",毕竟没有几家中国的空调真正地挂在发达国家消费者家里。不过,第一次以科技取胜,还是让董明珠多了份自豪,也让她的话更有力度。

借用一句话来说明格力的付出最合适不过——"中国的制造业需要有这样的勇气和胆识来表达自己的实力。"胆小鬼做得久了,就要出来透透气,这就是中国该崛起的品牌意识。

此前曾有记者采访国外的路人,询问他们对中国品牌最深的认识是什么,他们的回答让国人大跌眼镜,除了格力,他们认识得最多的就是中国的

第七章 除旧布新,走另一条路

烟酒。这是很可悲的一件事情,这意味着中国在国际制造业上还有很长的路要走。

在这方面,格力堪称中国企业的领头羊,是值得去了解和学习的。董明珠也从不吝啬展示格力。关于格力的大小事情,都是从她的嘴里说出来的,格力又取得了什么样的技术成就、制定了怎样的企业准则、未来的发展方向……

董明珠从没有掩饰过她的野心,在很多场合都直接透露自己的想法,她想让格力从中国的千家万户走进国外的千家万户,将格力从中国的品牌打造成世界的品牌,这不仅是她一个人的愿望,也是所有格力人的愿望。格力的战场,已经悄悄地从中国转向了世界。

董明珠说,要让世界见识到中国制造的力量,也就是中国品牌的力量,格力会开个好头。也许这还需要10年、20年的时间,但绝不是没有可能。

对自己的企业,董明珠很有信心:"我们的企业是一个实力雄厚的企业,资金、技术、管理等方面都处于世界领先地位,还不是简单的一个产品或者某一个方面,而是综合实力的领先。我们已经不像以前说自己是中国第一,我们认为这个话已经没有分量,也不是我们的目标。我们的目标是保持世界领先的地位,要占到全球市场份额的30%,这就是格力的目标,百年不变。"

不仅如此,她还希望人们每次提起格力的时候都会有自豪感:"格力的目标是要让全世界的人都信赖格力空调,就像人们信赖'奔驰''宝马'一样。"

董明珠一直坚持走品牌路线,她说:"我们从来不拿消费者当试验品。"这就是格力品牌的力量,也是格力的成绩。很多家电产品都是在用户的反馈中逐渐完善的,甚至某些产品出厂时还不是健全的家电。但董明珠不相信这一套,她在听取用户反馈的基础上,要让产品达到最好的出厂状态。

格力的产品一直是在试验室里完善的,在出厂前,实验员经过多到无法想象的测试过程来检查一款家电是否会让消费者使用得顺手。在确定产品没有任何问题,能够满足消费者的要求后才会投入市场——格力从不让一件未完成的作品面世。他们说,如果那样做了,是在打格力自己的脸。他们好像极为看重自己的"面子",也正是"面子",让格力产品变得更耐用。

家电行业的产品因多接触水、电、煤气等,所以经常有发生意外的新闻流出,但很少听说哪个消费者因为格力的产品受到什么伤害,格力产品严谨的产品设计、出厂设置,有效地保障了消费者的人身安全。

格力发展至今,一直靠实力和成绩说话,而其所取得的成绩又反过来夯实了格力的品牌,两者相辅相成、相得益彰。

近几年,互联网造就了越来越多的"网红",他们在短时间内创造的经济效益更是让众多厂商望尘莫及,于是很多商家都开始打造自己的线上品牌。董明珠也没闲着,依靠现有的品牌力量,积极开发线上品牌,让格力在互联网上也火一把。

格力已经把线上商城作为很重要的战略部署,有些产品在线上选购甚至比线下更为合适,这也可以看出格力的决心。在快消时代,只有把握机会的商家才有选择的权利,格力顺应潮流的同时,一直运用着自己的选择权,接受的、拒绝的,泾渭分明,这也是董明珠一直坚守的品牌力量。

Chapter 8

第八章
女儿本色：销售女皇的另一面

◎ 柔性：与儿子的点滴

董明珠作为中国空调行业的第一人，一直以强硬的姿态示人，但只要提起她的儿子，她马上会满脸笑意，眼神里充满了母爱，但笑意过后，却能看到一丝愧疚的神情。

董明珠离开家在外闯荡时，她的儿子东东才9岁，刚上小学2年级。一直跟姥姥、姥爷生活的他总爱问妈妈去哪了，姥姥没法回答，就说妈妈出去赚钱了，赚了钱给东东读书用。东东把想念妈妈的精力都放在学习上，他觉得自己考试考得好,妈妈就能回来看他。

只是,就算东东取得了好成绩,董明珠还是无法放下工作,她没有时间陪伴儿子,看着他一天天成长。后来,东东也不再问妈妈去哪了,只是在董明珠来电话时和回来看他时更黏着她,因为他知道之后又要很久才能见到她。

东东就是在这样远离母亲的爱的环境下长大的。一次,母子俩坐在一起聊天,这是董明珠生活中为数不多的欢乐时光。东东看见报纸上关于董明珠的报道时说:"报纸上老表扬妈妈,也应该表扬表扬我啊,我从来没让你操过心。"

听到这句话,董明珠的心一下子像是被什么击中了一样,她知道,自己亏欠东东的实在是太多。她在商场上练就的一副铁石心肠,因为东东的一句话瞬间柔软了。虽然这件事过去了很久,但她一直忘不了当时的场景,忘不了东东说出这句话时虽然微笑但仍有些落寞的神情。

很多人说,董明珠走到今天靠的是她强硬的手腕和非凡的头脑,但她不同意这样的说法。每次有人提到这个话题,她都会说,她的成功是靠她的儿子。作为母亲的她本该陪伴在孩子身旁,看着他学习、恋爱、结婚生子,但是她都没有。

东东一直是个懂事的孩子,在成长过程中从未抱怨过董明珠不在身边。就算当初在学校、现在在社会上遇到什么难题,他都没有向董明珠说过,从来都是自己解决。他懂事以后,还替董明珠照顾着姥姥、姥爷。

每次东东需要董明珠的时候她都不在,谈起这些,东东已经释然,但董明珠仍然无法原谅自己作为母亲的失职。东东 11 岁开始就上寄宿学校,学习自己处理自己的一切事情。12 岁时第一次坐飞机,他问董明珠:"妈妈,乘飞机那天你能不能接我?"

面对儿子热切的目光,董明珠咬了咬牙,虽然她已经全面掌握着格力,有钱有地位,但是唯独缺的就是时间,哪怕是接东东的时间都没有。随后

第八章 女儿本色：销售女皇的另一面

东东懂事地说没关系，询问是否可以让她的同事去接他。

后来接机的同事跟她提起了当时的场景："到了目的地，孩子下飞机时，我们的营业员接他。营业员在电话里告诉我，孩子简直就是从机场冲出来的。"

获悉了情况的董明珠才意识到东东当时被自己拒绝是多么失望和恐惧，她哽咽道："我一下就明白了孩子那时内心的紧张和没有安全感，我心里难受得不得了。"

小小年纪的东东被提早锻炼得快速适应这个社会，当别人家的孩子还在温室中成长之时，东东已经学会一个人坐车、乘飞机、吃饭、学习……他没有别的期望，只是想和妈妈多待一会。

一直以来对客户有求必应的"董姐"，在面对孩子的请求时怎么会如此不近人情？很多人不解，董明珠只能无奈地解释，"实在是没有时间"，她也想陪伴着东东成长，但如果这样做，就要搭上格力的命运，她解释说："也许人生不能两全，成功背后总是有遗憾。"

当初，在南京价格战告一段落后，董明珠曾回家陪东东，刚回到家，东东抱着她又亲又闹。可是屁股还没坐热就接到总部的电话，董明珠只得咬牙收拾行装。在火车站，东东没有说挽留她的话，但眼角的泪水证明着他的心意。看到东东，董明珠也泣不成声，但工作仍然要做，她头也不回地踏上了火车——怕自己哭得更厉害。

东东成年后，董明珠与儿子的交谈也总是被她的工作电话打断。一次，东东忍无可忍，把董明珠的电话线拔掉了，并说："老是在跟你沟通很顺畅的时候被你的工作电话打断。"

很意外，这一次董明珠没有生气，她很体谅东东的感受。此后，她有意无意地增加与东东的沟通。一次，董明珠去北京出差，到达时已经晚上10点多了，但她还是去东东的学校看他。虽然母子见面，只说了几句话就分开了，但她还是很满足。

如今,董明珠的时间渐渐多了,但能与东东敞开心扉说话的日子却一去不复返。很多时候,两个人面对面坐着,明明都有很多话想说,却都不知如何开口,有时候,刚说了两句就又被董明珠的工作打断了。董明珠和东东的交流,在这样的情况下自然越来越少了。

董明珠在接受《波士堂》节目访问时,被问到是否可以请东东来现场,她说虽然心里希望能在现场见见儿子,但还是要看他自己的意愿。节目组拨通了东东的电话,问他是否可以来到现场,东东拒绝了。

随后,东东给董明珠打了个电话询问自己是否需要到场,董明珠回答他:"如果你愿意,谢谢你!如果你不想就不用。"听了她的话,东东说明自己不想参加的原因,他想过正常人的生活,不希望母亲的光环影响到他。还表明即使毕业工作,也希望能去没人认识他的地方,而不是待在董明珠的身边。

这次东东没有和董明珠一起登上节目的舞台,但她却很高兴,因为平时东东很少主动打来电话,这个"意外"让她高兴了好几天。

有一次,董明珠好几天没有与儿子联络,儿子也默契地没有给她打电话,她问儿子:"你为什么不给妈妈打电话?"东东说:"我不给你打,你也会给我打。"两个人相处时间不长,但默契依然在。

很多人都在探究董明珠的成功,但她自己一直把对东东的教育放在成功的第一位,她对别人说自己两方面的成功:"我没有溺爱儿子,让他能够懂事地成长;我这十几年,使格力成为中国的世界名牌,并将在不久的将来成为世界名牌,就是我最大的成就。"

董明珠对于留守儿童的关注,也是因东东而起的。东东才是真正的留守儿童,而且被"留守"了20多年。这样的成长经历不仅把东东锻炼得更成熟稳重,也让他和董明珠对社会问题更加关注。这个高个儿小伙子硬朗的外表下,有一颗敏感温柔的心。

了解东东的人都知道,他是个勤俭节约的孩子,从不乱花钱,因为他知

第八章 女儿本色：销售女皇的另一面

道他花的每一分钱都是董明珠用与他相处的时间换来的。董明珠在教育东东的问题上很有话说，虽然她很少参与他的成长，但并没有因为亏欠而溺爱他，没有让他成长为一个骄奢淫逸的人。

她坦言，如果再有一次选择的机会，自己未必会放弃格力，和东东待在一起。为格力东奔西走的30多年，无疑是愧对儿子的30多年。

2006年CCTV中国经济年度人物的颁奖礼上，即使主持人说再多的豪言壮语也没有打动董明珠，在现场，她一直保持着一直以来的端庄。后台，她收到东东的一条短信，"亲爱的妈妈，恭喜你"，一瞬间，董明珠泪如雨下。

随着年龄增长，董明珠好像与早年的东东互换了角色一般，她越来越愿意待在自己的儿子身边，即使不做什么也愿意看着他，这就是母性使然，也是她弥补内心歉意的一种方式。

母爱，在这一刻倾泻而下……

◎ 刚柔并济

董明珠是霸道的,这一点众所周知,但实际上她还有一副温柔面孔,只是这份温柔并不常见,也不是谁都知道的,毕竟在公众视野内,"她走过的路都不长草",柔情与她根本就不沾边。

对于别人的评价,董明珠都欣然接受,她也承认自己是一个霸道的管理者。她的霸道,主要体现在对格力的管理上,例如她对经销商从不妥协,定好的价格绝不再改,员工犯错必须付出代价……

有一次,在与经销商谈价格时,对方坚持不肯让步,董明珠急了,直接说:"不是你想卖格力就可以卖,我愿不愿意给你卖,还是个问题呢。"一句话,让对方哑口无言。自她当上了格力的总裁,就以自己的铁腕处理了很多顽固问题。

搞定经销商,与国美翻脸,制定格力的收账流程,改善中国空调行业的格局……这都是董明珠从业历程中的"壮举",正是她颇为强硬的态度,才能让格力更快速地跻身中国家电行业大佬的行列。

当格力还在发展初期时,很多员工都在混日子,对于新上任的董明珠很是不屑,可董明珠不信邪。一天,她进办公室看到没有人在工作,都在抢零食,不由得火冒三丈,严肃地看着他们说:"谁让你们上班吃东西的?"

话音未落,就传来了下班的铃声,没人回答董明珠的问题,大家都在想

第八章 女儿本色：销售女皇的另一面

着下班的事儿。他们以为风头过了，正在窃喜的时候，董明珠说："刚才吃零食的人每人罚100元！"大家面面相觑，不知道董明珠是在吓唬他们还是认真的，看了半天，发现她好像没有改变主意的意思，于是纷纷交上了罚款。

打这之后，格力内部就在传董明珠是一只雷厉风行的母老虎，千万别惹她的言论。对于这些传言，她非但没有生气，反而很高兴，她觉得员工有危机感才能好好工作。

在董明珠的带领下，格力经营部一举成为全公司最有规矩的部门，也是最赚钱的部门，朱江洪也给予了她更大的权力。

董明珠严格要求员工，更严于律己，员工出错罚员工，自己出错加倍受罚。每个员工刚刚上岗时，她就这么对员工说。一个被她狠狠批评过的员工说："被她批评也甘心，最怕的是她哪一天不批评你了。"

虽然大家理解董明珠的工作态度，但做到跟她一样着实很难。董明珠的霸道人人皆知，但她温柔的一面鲜有人知。

私底下，董明珠与员工的关系很好。她经常跟单位里的小姑娘一起逛街，看到合适的衣服会互相推荐。她出去旅游或者是办事，有了空闲的时候也会带些小礼物给这些姑娘们。一来二去，大家都了解了她的性格，私下都亲切地称呼她为"董姐"。虽然大家私下感情很好，但只要一上班，她就又换回那副铁面无私的表情。

除了公司里的姑娘们，董明珠还很关心格力年轻小伙子的"私事"。闲暇之余，她化身为"红娘"，为一个个小伙子牵线搭桥，很多年轻人在她的牵线下喜结连理。

格力有一名女员工的丈夫常年在外，很少回家，家里就剩下这名女员工和孩子相依为命，夫妇俩的工资都不高，还要照看孩子，日子过得很困难。董明珠知道了她的家境，有什么事情总想着她，逢年过节还代格力送去礼品，看看孩子。

还有一次,这名女员工没有注意到公司的规矩,违反了公司制度,董明珠知道此事后不仅批评了她,还让她根据公司制度交罚款。第二天晚上,她却找到了这名女员工,趁没人的时候偷偷塞给她100元钱,让她用来交罚款,还告诉她以后不要再出错了——"这是我私人的钱,给你补上。记住,明天一定要把罚款交上去,以后工作不要再马马虎虎了。"董明珠轻声细语的样子仿佛在做贼,这给那位女员工留下了深刻的印象。

与董明珠合作多年的朱江洪用"她是个好人,就是嘴巴不饶人"来形容她,说她是个"口是心非"的人。虽然有时候她也同情员工,但原则不能变,大家只看到她的秉公执法,却没有看到她铁面无私的背后还有雪中送炭。

朱江洪在管理格力之时,与董明珠的处事风格有些不同,他采用怀柔政策,也劝董明珠注意点方式方法,但董明珠依然我行我素。

同事也评价她说:"董姐刀子嘴,豆腐心。"慢慢地,格力形成了一种风气,工作的时候怕遇到董明珠,但一下了班就愿意去找她,无论是家里的事还是同事间的事,都愿意问问她的意见。董明珠"知心姐姐"的形象一时间越传越神奇。很多刚来的员工都纳闷,他们嘴里的"董姐"是那个表情严肃、不苟言笑的董明珠吗?

很少有人能够真正地公私分明,一般都会不自觉地在工作中掺入自己的感情,对交好的同事包容庇护,对有过节的同事加以刁难,但董明珠对待格力员工和亲戚的态度则真正地体现了公事公办的作风。她不讲究亲疏远近,一律按照规定办事,既杜绝了行贿受贿、个人感情等影响工作的因素,还能在私下里维持朋友亲戚关系,有人说这是不懂变通,也有人说这是一举两得。

起初,大家会误解,但时间一久就会发现她对谁都一样,也就不在意了。久而久之,格力形成了这样严谨的工作作风,由上至下,以身作则的力量让"格力成为格力"。

刚柔并济,这就是董明珠!

第八章 女儿本色：销售女皇的另一面

◎ 和而不同

董明珠和朱江洪是性格完全不同的两个人，但是因为格力，两个原本不会成为朋友的人有了交集，并结成了深厚的同事情谊。

朱江洪凡事低调、为人谦和，董明珠则一直以强硬的姿态示人，且屡屡在媒体上曝光。两者性格上的差异，造成了他们管理风格的不同。

据格力的员工介绍，董明珠和朱江洪在公司里一点都不像合作伙伴，反而像"死对头"一样，总是"吵来吵去"。某次会议之上，董明珠和朱江洪吵了起来。他们争论的起因在是否要放权上。

朱江洪喜欢放权式的管理，他认为："我只管关键的大事情，一般的我不抓，不然要那么多老总、副总干嘛？"他支持放权，希望可以通过这样的方法让格力更民主，获得更多的资金来提升科技研发力。但是，从基层一步步走上管理层的董明珠没有那么放心，她站在管理的角度，希望不再扩大放权，不让经营权外流，避免格力的管理层发生变故。

其实两种态度，都有可取之处，也都有不完善的地方，不过企业不正是在不同的声音中成长起来的吗？

格力自从走入人们的视野，就一直备受瞩目，各种采访邀约不断，但朱江洪不喜欢这样的场合，他更愿意把时间都花在实验室里，多看看空调零件。他是个不折不扣的实干家。在格力还不叫格力的时候，他就来到了这里，扎根于此，组建了最初的团队，把一个名不见经传的小厂做大做强。可以说，前期的格力是他一个人支撑起来的，也正是他打下的坚实基础，才让董明珠有机会把它推向世界。他的战略目光是格力发展的核心。

朱江洪是格力的一把手，可与董明珠相比，却一点也不像负责人，每天衣着朴素的他穿梭在格力内部，每天都在科研部门花费最多的时间，有时候在办公室甚至找不到他的身影。当遇到采访时，他大手一挥，全权交给董明珠去处理，但他也强调：''我虽然不喜欢接受采访，但在公司里面开会，绝对我是主角。''

越来越多的曝光，让董明珠逐渐成为格力的名片，在市场上很多人只知董明珠而不知朱江洪。按照常理来说，如此喧宾夺主，朱江洪肯定会生气，董明珠八成会地位不保。但是他们猜错了，董明珠依然担任着要职，有人提醒朱江洪要注意，他回答：''没事的。''三个字包含的是无尽的信任，是十余年合作的默契。

只是，同时见到过这两个人的人很难相信他们之间的默契，董明珠也认可这样的看法，''即使在副总们面前，我们也吵。主要是为了一些大的决策，有些人员任免问题，我们也吵得一塌糊涂。''

面对董明珠，有时候朱江洪也无可奈何，笑着说：''她很犟的。''但他丝毫没有怨恨之意，他一直是个比较好接近的领导，''我这个人不怎么要面子，谁都可以给我提意见。特别是越关键、越大的决策，我越要听下面的意见。''

对于不同的声音，他看得很开：''我作为一个总裁，如果不能拿主导意见，就不应该坐在这个岗位上。不是不听别人的意见，而是做出的决策是否正确更重要。我相信大的方向上我能够把握得很好，也一定会跟大家说明我的理由是什么。''

扮演''争论者''最多的当属董明珠，她对自己的形容很是贴切，''我就是喜欢斗，和谐都是斗争出来的。''格力的很多利益也是她争来的。与国美交

第八章 女儿本色：销售女皇的另一面

战,使格力有了自己的渠道;与政府相争,使格力电器成功收购了格力集团,摆脱了国企的束缚;与日本人斗法,让格力获得更多的主动权……

两人对待员工的方式也不同。一次,格力的研发团队遇到了瓶颈,很长时间都无法摆脱,朱江洪没有言语犀利地批评他们,而是安慰他们,了解问题,提出建议。如果换作董明珠,她大概会严声厉语,认为压力可以创造生产力,让员工有动力,所以很多员工一直是惧怕董明珠的。有人说,这是他们二人在演戏,一个唱白脸,一个唱红脸,可是熟悉他们的人对这样的传言纷纷摇头。

除了这些不同之处,二人也有一些相同点。他们都是肯吃亏的人,因为他们的脑海里都有"责任"和"奉献"。在管理公司的过程中,他们把发展格力作为重中之重,整颗心都扑在格力上,这也让他们之间产生了英雄相惜的"革命友谊"。出于共同的目的,二人总体上的思路一致,虽然处事方法各不相同,但格力的成长从未因此出现偏差。

朱江洪不怕吃亏,还常劝其他的干部,说："有些干部为什么做不好,就是怕吃亏。吃一次亏,你的威信就多一点,也积了一次德。我实际上也没吃亏,从一无所有,到现在工资待遇都不错,有房有车,怎么会亏呢。"

董明珠更是不怕吃亏,为了格力,她甚至没有了自己的生活,有时候就连最支持她的儿子东东都不能理解她是如何在只有工作的环境下生存的。

朱江洪的知遇之恩,董明珠从来没有忘记过,朱江洪多年来为格力的付出,她也看在眼里,所以在关键时刻,她毫不犹豫地站在了朱江洪这边,鼎力支持。

在2003年到2006年期间,格力电器已经成立,不再受国有企业的控制,而格力集团依然是国有控股的单位,两者的关系既微妙又尴尬。作为责任人的朱江洪自然也十分尴尬。董明珠的支持让他度过了那段最艰难的岁月。

科龙电器前总裁王国端曾经形容："朱江洪遇到董明珠是朱江洪的福

气,董明珠遇到朱江洪是董明珠的运气。"两人互相成就彼此,也造就了格力的一段佳话。朱江洪看待董明珠和格力像是看待女儿和儿子一样,在他离开格力之时,他还是希望董明珠能够多听听他人的意见,忠言逆耳利于行,更多的思路意味着更广阔的发展前景。

董明珠没有辜负朱江洪的厚望,朱江洪离开格力的三年时间,格力稳步前行,荣获国际企业的称号,同时在2008年成为中国北京奥运会合作伙伴……

董明珠和朱江洪都是格力成长不可缺少的人物,他们一个创造了格力,一个完善了格力,两人互相支持走过了十余年的光阴,朱江洪卸任后,未来的路要董明珠一个人前行了。

朱江洪离开了格力,但他依然是格力重要的一部分,相信董明珠也是这样认为的。

第八章 女儿本色：销售女皇的另一面

◎ 回馈：成为一个有良知的企业人

2005年4月，一条求助新闻跃入大众的视野：南华工商学院国贸系大二学生庞梦晨被检查出患有白血病，家里负担不起医药费，急需救命钱。董明珠得知此事后，马上让格力空调的广州公司送去10万元钱。庞梦晨通过媒体共获得40万元医药费，说多不多，说少不少，但想要巩固治疗，这些钱并不够。

广州格力空调的流动资金有限，一时也拿不出更多的钱，但他们承诺，五一期间每卖出一台空调就捐给庞梦晨5元用于治病。五一刚过，他们就给庞梦晨送来了5万元捐款。事后，董明珠还派人时常关注庞梦晨的情况，表示如果有需要，格力还会帮忙。

2005年8月，董明珠再次为广州的郑智鸿小朋友捐款1万元，虽然他只有一岁半，但生命仍然需要绽放。在同一时间，她还以格力的名义拿出5万元资助佛冈32名贫困儿童，一次交齐他们3年的学费，让他们可以继续读书。

2006年6月，董明珠把8万元送到林延妮的手上。林延妮本是一名高三的学生，成绩一直很好，无奈在高考前夕被检查出患上白血病，无缘高考，家里还没有钱治病。董明珠得知消息后，为小姑娘感到惋惜，她既送去了治病钱，也送去了自己的关怀。

同年 8 月，正是空调大促销的季节，董明珠离开忙碌着的格力，来到贵州省黔南州都匀市平浪镇小学看望这里的孩子们。对于教育，她一直"痛下血本"，这次也不例外，她带来了自己的 30 万元"稿费"，将这些钱全部捐赠给小学，希望能营造一个舒适的学习环境，让孩子们健康成长。

看着孩子们的笑脸，董明珠也一改往日的严肃，和孩子们一起笑了起来，还与他们一起吃饭、做游戏，过了一个难得的休息日。

捐赠仪式上，董明珠看着淳朴的孩子们和乡亲们，由衷地希望他们能过上好日子，她说："格力作为中国乃至世界上最大的空调企业，在做好自身企业发展的同时，还能够为大家做什么？我认为更多的是献出爱心。这次来到这里，我被同学们不畏危房的危险、在艰苦的条件下坚持学习的精神所感动，以后我们还将用各种各样的方式募集资金来支持贵州的教育事业。"

董明珠的捐款活动还有很多，只 2005 年和 2006 年两年，她就捐出了将近 100 万元的善款，但她很少向人提起。关于捐款这件事，她着实做得多、说得少，每次有记者采访让她多说两句，她都摆摆手作罢。

除了捐款，她还在政策上操心。2007 年，在全国两会上，她作为人大代表提出关注留守儿童的议案。她提议，尽量解决留守儿童问题，让他们能够得到足够的关怀。她想通过三条建议改善他们的生活。

第一，留守儿童不是根本问题，农村经济落后才是造成留守儿童问题存在的罪魁祸首。最为主要的就是要大力发展农村经济，让农民更加富有，他们就愿意留在村子里了，外出的少了，留守儿童自然也少了。这样既可以保障留守儿童的生活质量，也可以让他们得到更多的父母关爱。

第二，构建公平的教育制度。许多外出打工的父母也想带着孩子一起，但无奈户籍制度和教育制度不完善，带着孩子打工可以，但孩子上学却成了难事。许多孩子就是为了多读书才被留在村子里成了留守儿童的。在我国，教育资源分配不均，借读生需要交高额的费用才能获得一个读书

第八章 女儿本色：销售女皇的另一面

的机会，但就算交了钱还存在其他问题。这样不平均的教育资源，造成了文化水平的两极分化越来越严重，有知识的更有知识，没文化的更没文化。等着一代孩子长大了，又是一个恶性的循环。

第三，这样的社会问题不是靠几个企业家、几个社会团体可以解决的，解决了一个问题，还会有千千万万的问题跑出来。社会问题是需要全社会关注的，董明珠提议建设"留守儿童关爱工程"，在全社会范围内掀起一股关爱留守儿童、帮助留守儿童的活动，并在相关部门的监督下长时间地进行下去。

除了社会的关注，政府也要起到带头作用，妇联、共青团、学校、村委会等有关单位要重视留守儿童的问题，如果身边有这样的孩子，要给予他们关心和爱，让他们从心理上获得支持，不自卑地生活。

企业也要贡献一份力量，对缺衣、缺物、缺财的孩子给予帮助，不让他们输在起跑线上。同时，企业家还应该担当另一个责任：对务工人员的责任。

社会是大家的，社会上的每一份子都有义务建设社会、回报社会。企业家掌管着一个企业，在力所能及的范围内应该给农民兄弟开设"绿色通道"，千万要杜绝一些企业想靠农民工"发家致富"的想法。有一些企业借着农民工的热潮，以低廉的价格雇用了一大批农民工，这种行为是可耻的。

社会也要起到监督、帮助的作用，只有全社会共同关注、共同解决，才能够从根本上解决留守儿童的问题。

企业家是人民的企业家，没有人民的信任便没有了企业，何谈企业家？董明珠能够认清自己的位置，时常回馈社会，做一个有社会责任感的企业家，这是难能可贵的，更可贵的是，她不仅自己付出，还号召格力全体员工开展爱心活动，尽己所能，奉献一份爱心。

与众多的企业家开会时只谈经济、不重视社会问题相比，董明珠显得与众不同，每一届人大会议，她都会从社会的方方面面找问题，并绞尽脑汁地想办法提出解决问题的措施。这才是一个充满社会责任感的企业家该有的样子,从群众中来,到群众中去,不脱离群众,做人民的企业家!

人人都有缺点,董明珠也不例外,但从未听过有人批判她没有责任心,无论是对格力,还是对社会,只要她能帮上一点忙,她都是义不容辞的。

在2006年全国最受尊敬的企业中,格力榜上有名,成为中国最受消费者尊敬和喜爱的25家企业之一,这份荣誉不仅是对格力产品的认可,也是对董明珠和格力在社会责任上的肯定。

士农工商,在古人心中,商人是最不受人尊敬的一个群体,因为他们给人的印象总是唯利是图。即便是现在,谈起一些商家,不少人还有这样的印象,但提起格力和董明珠,人们却全然没有这种感觉,对于格力和董明珠,他们甚至有种亲切之感,这是董明珠一直坚持产品为先,不赚昧良心钱所得来的回报。

当时董明珠的心里还有一个目标,即让利给底层劳动者,她希望有一天格力的底层员工能够通过劳动换来3万元的年薪。3万元年薪,相当于每月2500元,也许数字并不算大,但是有非常大的一部分劳动者拿不到这样的工资。他们没有技术,没有学识,混迹在社会的最底层,拿着每个月几百元的工资,不仅无法养活自己,更别提养家。

这样的人来到格力,董明珠一定会收,但她也是有要求的,任何来到格力的员工都必须靠自己的双手赚钱,只要勤奋上进,不偷懒,就绝不会被亏待。相反,一旦被雇用者偷奸耍滑,董明珠会立马请走他,因为格力不养闲人。

靠着优越的待遇,格力吸引了越来越多的人才,其中有海外归来的和国内的高材生,还有来自社会各个阶层的劳动者,他们一同在格力挥洒汗水,收获果实。

天下熙熙,皆为利来;天下攘攘,皆为利往。董明珠则不同,她克己复礼,担起社会重担,回馈大众,真是为情来、为福报。

第八章 女儿本色：销售女皇的另一面

◎ 我就是我！

"我从来就没有失误过，我从不认错，我永远是对的。"董明珠的这句"名言"经常被大众提起，它是董明珠霸道性格的佐证。这句话确实出自董明珠之口，是在她接受采访时说出来的。

与董明珠张扬的个性不同，格力是家很低调的企业。很少听到格力内部有什么新闻，大多都是"董姐"给看客们带来的格力内部的新鲜事。不仅如此，外界也很少听到格力员工的抱怨。这源于格力对待员工的态度。

格力对待员工，一直秉承真诚的原则，有错就罚，有奖就赏，赏罚分明，没有徇私那一套。公平的竞争原则，凭能力上岗，是求职者一直追求的，现在很多企业都没有办到的，而格力却可以办到。加上福利、待遇优厚，格力一度成为大学生最想加入的企业。

有一段时期爆出很多求职者与公司之间不愉快的经历，压榨性的合同、变相扣押工资、延长试用期……其中很多大公司也牵涉在内，劳务关系堪称史上最黑暗时期，求职者犹豫不前，企业求才而不得。

企业与求职者两者彼此需要，又彼此排斥，形成了用工难的现象。格力在这方面比其他企业稍好一些，一直没有出现用工缺口。有一次，有几个员工离职了，人事部门请示董明珠要不要提高在职职工的工资，董明珠一口回绝了，她想要员工凭本事吃饭，不能因为人少就加工资，如果以后人多了,是不是要降工资呢?人事部门被她说得哑口无言,只能按照正常程序去劳务市场招人了。

董明珠一直是格力决策的制定者,她当上总裁后,更是把格力的方方面面约束起来,也有员工像她一样有自己的想法,但都被她的一句"我说的就是对的"怼了回去。

有人说,董明珠太过自信了,是人就会犯错,她作为格力的总裁一直这样霸道,如果出错了就一定会是大错误。对此她充耳不闻,一次被问得烦了,她一改往日强硬直接的态度,耐心地解释起了自己的想法。

她自己一直会有很多想法,但在把想法告诉别人之前,会通过观察和调查了解这种方法的可行性。也许是她从业几十年来练就的直觉,她提出的想法一直都在关键点上。她并非一点意见都听不进去,很多时候,人们考虑的问题她早已思考过了,她提出的办法也是尽力规避风险后的方案。与其说她霸道直接,倒不如说她的保密工作做得好。

她在发布命令之时,一直都是声音洪亮、语速快,直接、简短而自信的,不怒自威,她强硬的形象就这样被大众所熟知。

其实,董明珠的"硬",很多时候是表现在对外的,她也用"说了就要赢,要么就不说"来形容自己。

初中时代的她,就是个不让人的姑娘,她甚至给自己取了个外号叫"常有理",意思是要让自己说的话有道理,但并不是让别人都听自己的,而是训练自己的口才,让自己能够快速思考,别人一说什么,自己就能接上有道理的话。

传统观念里,大家认为女生不应该如此伶牙俐齿,但董明珠不以为然,非要让自己"牙尖嘴利"、出口成章。在学校的时候,她就经常把同学说得无言以对,那时就是个"霸道"的姑娘,就算父母说她,她也有话回应。但随着年龄增长,她的锋芒也逐渐收了起来。现在,有人如果指出她强硬的一面,她就会说:"我是江浙的女子呀,我也有柔顺的一面呀。"

第八章 女儿本色：销售女皇的另一面

但那只是很少的时刻，更多的时候，董明珠对外界的评价是不理会的，她的心中自有一套原则，她遵照着自己的想法去做。

格力一直以来的合作伙伴是既幸福又可怜的。幸福的是跟着董明珠有钱赚，可怜的是董明珠不是一个没要求的厂商，与她合作，要满足她很多要求，这些要求包括进货的价格和渠道，售卖的方式和服务，还有客户的维持等方方面面，细小而繁琐。

这种甜蜜的负担被称为董明珠的杀手锏，只要想通过格力赚钱，就必须要遵守这些规定，就连董明珠的亲哥哥也不例外。

除了对经销商"不可理喻"的要求外，董明珠对自己的员工也有一定的要求，虽然与对经销商的规定相比还是弱了一些，但也被员工们看作是变态的"规定"。有的员工说，到了格力，一切都要听董明珠的。

对于这种说法，董明珠也承认自己的强势，"只要你走进格力公司，就必须按照我的思维去工作。"甚至还霸气地强调，"谁违背原则，谁就是我的敌人。"她近乎疯狂地让别人遵照自己的准则行事，可让人惊讶的是，因此而发生的一切都那么自然和完美。

虽然有人质疑董明珠的领导方式，但她仍然是让人尊敬的，他人的这种尊敬，源于对格力的认可和对她的尊重。大家对这个霸道总裁的容忍度似乎一直很大，这种容忍同样源于对她个人能力的认可。

很多企业家都被大众所关注，但那大多是因为他们的金钱和权势，很少是出于对一个人的印象，董明珠却是个例外，人们对她的关注更多来自于她雷厉风行的行事风格和强硬的处事态度。她坚持执行的每一项决策，在一段时间后几乎都会呈现出预期的效果，20多年的从业经历让她练就了一身本事。

她可以理直气壮地"发号施令"，是因为她没有私欲，心里想的只有格力的业绩和发展。

还有一点值得一提，董明珠有着超强的战略思维。企业家的战略思维需要市场的长期打磨,有时候虽然久经沙场,却也未必能因登高而望远,因为悟性很重要。从董明珠与朱江洪搭档管理格力开始,朱江洪一直负责技术,而很多市场性的方针都是董明珠制定的。这些方针,让格力空调的销售情况上了一个台阶,也让格力的整体运营朝着更广阔的方向发展。待她有了更大的权力后,她的能力也更完全地展现了出来,格力的经营情况比之前更好了,并逐步迈向优秀企业的行列,最后还走向了国际。

一个细小的决策可能不会让一个企业飞速发展,但无数个细小且正确的决策,则会让一个企业茁壮成长。董明珠的那句"我做的就是对的"铿锵有力,因为她总有自己的一套!

Chapter 9

第九章

永远在路上

◎ 用质量征服市场

2014年7月1日,《商业周刊》在珠海对董明珠进行了长时间的采访,在采访过程中,董明珠透露了她接下来的商业计划和野心:格力要大举进军台湾空调市场。

消息一出,众人都被她的霸气惊呆了。也许很多人不清楚,但空调厂商都知道,台湾是一个特别不好卖空调的地方,那里只认日本空调,很多厂商都打过台湾市场的主意,最终都无功而返。因此,董明珠提出征战台湾市场才引起了很大的议论和关注,不少厂商都等着她开拓台湾市场的消息。

从2013年的数据来看,格力进军台湾市场还是有希望的。2013年,格力空调的销售额超过了1200亿元,已经连续8年获得世界空调销量冠军的头衔。这一年,全球销售空调1.5亿台,其中格力占33.1%。这一年格力在国内的销售额占市场份额的35%,分别高出美的和海尔空调14%、23%。

不过,看着这些数据,有些人仍觉得格力征战台湾市场很悬,但董明珠"势在必得"。她曾多次到台湾考察市场,当地使用日系空调的习惯她也早有耳闻,虽然改变习惯很难,但她有信心把格力空调带到台湾。而让格力难上加难的还有台湾民众对国内制造业的不信任。在一次与台湾经销商接触的时候,对方就质疑国内不会有好空调。

这种不信任让国内的制造业厂商很不舒服,这其中也包括董明珠。她决定用事实说话。送入台湾的格力空调通过一系列的检测、比较,结果令台湾的经销商很满意,由此,格力空调也在台湾打开了突破口。

董明珠说,格力进军台湾市场绝对不打价格战,他们要靠产品质量和服务赢取台湾民众的信任。她一再强调"产品要够好",这样台湾的经销商在卖格力空调的时候才有信心。格力想通过这样循序渐进的方式慢慢开拓市场,改变消费者的习惯。

虽然台湾的民众喜欢日系空调,但董明珠却不认可日系空调。在空调行业里,格力早就把日系空调甩在了身后。很多日本厂商都害怕与格力竞争,甚至到了谈"格力"色变的地步。

近几年,格力空调在台湾的销量也正在逐年上涨,大力进军的日子仿佛就在眼前。

在此之前,董明珠还是想先做好自己,稳扎稳打,用超强的技术让台湾的民众安心使用格力空调。她明白,产品一定要有创新性的技术,把消费者的方方面面考虑到,不要怕难,要敢于走在行列的前端。就像中央空调

第九章　永远在路上

开始普及的时候,出风口的风一直对着消费者吹,很多消费者选购时就有顾虑。后来格力重新设计出风口,让它不再正对着消费者,其后销售情况也好转了。

品质才是销售的第一要点。2005年,霸气的董明珠开创"六年免费服务"的先例。如此豪气的背后,是对格力产品的十足信心。"六年免费服务",乍听起来感觉没什么,但算一笔账就可以知道格力会付出多少了。

2005年,格力的空调产量大概是800万台,如果有问题的空调占总量的1%,就有8万台空调需要维修,由此产生的费用大概是2亿元。

为了避免这样的情况出现,格力提出了"千分之一维修率"的口号。董明珠说,她提出这样的口号不是要做好售后服务,而是希望没有售后服务,只有没有售后服务才能说明产品质量过硬。

想要做到少售后服务,就要做到低维修率,想要做到低维修率,就要把产品质量提高。质量包括三方面,一个是产品的设计,一个是空调零件的质量,还有一个就是组装的质量。如果做好这三项,那么售后服务可以是"零"。

首先,产品设计关乎一款产品的生死,甚至关乎一个企业的生死。只有好的设计,才能俘获消费者,才能打开市场,否则就算用再好的零件、有再好的销售也是无用的。技术人员在设计之时,也要注意规避显而易见的不合理之处,设计之后还要进行检测,只有产品设计合格,没有大的纰漏,才能推向市场。

其次,好马配好鞍,空调整体的质量很大程度上取决于零件的质量,就像木桶理论一样,每个组成部分均衡发展才能取得好成绩,如果有短板,其他的努力就会功亏一篑。

格力一直坚持使用世界上质量最好的零件来组装自己的空调。董明珠希望的是,就算空调发生问题也不能是因为零件,因为零件是最没有技术含量的,这也是她最不能容忍的问题。

最后要注意的是,在空调的组装过程中不要出现纰漏。家用电器一旦出现问题,很可能危及消费者的生命,尤其在组装上,不能在这种不必要的事情上浪费消费者的信任。如果一家企业连最基本的、不需要技术含量的部分都做不好,就不具备成为优秀企业的资格,格力当然能够避免。

格力通过这三点打开了大陆市场和国际市场的大门,董明珠相信通过这三点,仍然能够打开台湾的市场。

当时,台湾市场上的格力空调少之又少,但一次赴台的经历让她明白进军台湾市场的可能性。那次,董明珠过安检,安检员看了看她说:"你是董明珠。"董明珠笑着点点头,对方继续说:"我用的是格力空调。"董明珠觉得这是买不来的尊重,冲着这样的支持,她也要打开台湾市场。

在开拓市场的时候,董明珠经常跟工作人员强调要多元化思考,"我经常给他们一些思路,要他们大胆去想,有时他们觉得不可能。把没有的东西变成有,这就是我们的价值所在。"当然,格力的多元化不包括投机主义。

众所周知,产品的价格是一个很有力的杠杆,它可以快速吸引消费者的目光。但是,在台湾,董明珠拒绝采用这种方式,坚持踏踏实实地用质量说话,她相信格力的品牌。在一次采访中,她解释了自己心目中的品牌,"不是因为品牌价值让我们有这么大的力量,而是用我们的行为,去逐步、逐步沉淀品牌的价值和力量。"她相信可以通过征服台湾的空调市场更进一步证明格力的品牌力量。

为格力贡献心力的几十年中,董明珠从未泡过温泉,因为实在太忙,她第一次泡温泉还是在台湾。当时是去台湾谈空调销售的事情,一共 5 天时间,每天的行程都由她自己安排。

后来有一天提前完成了工作,在合作伙伴的建议下她才感受了一次温泉的舒适。陪同的经销商感叹:"你想,一个传统产业做到 6000 亿,每年还要成长 1000 亿,几乎都靠她一个人,那压力有多重?"当天尝试完温泉后的董明珠又投入到工作中。

　　董明珠在这样日复一日的打拼中，在没有任何投机行为下，让台湾的民众越来越熟悉格力空调。当然，真正征服台湾的空调市场并不容易，但格力已经有了一个良好的开端。

◎ 携手国美

2015年春节刚过,各个空调品牌开始着手准备新一年的计划,此时,第三方机构爆出了整个空调行业惊人的积压库存——4000万台,这着实令人震惊,积压库存是整个行业的现状,格力也不能幸免,作为行业老大,格力的库存比例自然很大,董明珠身上的压力可想而知。

那么其他的空调品牌呢?据第三方的调查显示,各个品牌都有库存积压的问题,无论一线品牌还是二线品牌,情况都不乐观。

在人们都认为空调产业是夕阳产业、掀不起什么风浪的时候,格力联合国美宣布,要在2015年3月27日—29日这3天时间内卖出50万台空调,且大打价格战,让空调的价格回到6年前。这一消息宛若一枚重磅炸弹!

其实,价格战一直都是经销商愿意采用的方式,尤其是换季打折之时,消费者也愿意用低廉的价格换取商品,哪怕要等一段时间才用得上购买的商品也毫不在意。

这一次,与以往的打折促销不同,格力当真要"大出血"了。除了格力专卖店的促销活动外,近来与格力合作密切的国美也参与大促销。一名国美的工作人员介绍这次的促销时用了"特惠"来形容,他把现在的空调价格与之前比较,6年前,1匹挂机价格早已跌破1000元,1.5匹挂机最低跌破

第九章　永远在路上

1600 元。此后,随着硬件成本、软件成本,以及人工成本的上涨,空调的价格基本上每年都在小幅上涨,现在一台 1.5 匹空调价格在 3000 元左右。让价格回到 6 年前,就能想到此次促销力度有多大。

除了国美的门店大打折扣,格力的各个门店也开始同步促销。董明珠在各种活动上也大力介绍这场有史以来最低的促销狂潮,并且多次保证"董姐"的商品打折,质量不打折,任何人都可以放心买回去,有一丁点的问题都免费给换、免费给退,实行"一日三达、精准配送、送装同步"的政策。

有了董明珠的保证,消费者和媒体都很看好这次的大减价,很多之前没有购买的消费者都跃跃欲试。不过,还没等到董明珠的大减价,却等来了苏宁的公告。

格力和国美的联手,无疑是对众多空调厂商的致命一击,本来就供大于求的市场变得更加饱和,其他厂商的利润也被无限地压缩。当时,格力与国美强强联手之后,人们都好奇另一巨头苏宁会怎么回应,但苏宁一直无声无息。

其实,苏宁的态度很好猜测,它断然不会坐以待毙。因此,在格力与国美的合作有序开展时,苏宁便很快与美的、海尔等 11 个空调品牌联手,也要进行一场打折促销活动,用实际行动回击对方的价格战。

苏宁发表声明称,将会在 3 月 26 日—28 日举办"空袭 72 小时"活动,号称有史以来最大规模的促销活动,3 天冲击 100 万台空调的销售量。苏宁的回击,也代表了二线、三线空调品牌的声音,苏宁将其完全拉拢到自己的阵营下,这也会让以后的合作更加顺畅。

两人阵营之所以都选择在 3 月底举办活动,也是有原因的。3 月份,还没有进入空调的热销时间,这也正是最好的促销时间。而 4 月一到就进入了空调销售的旺季,也就不需要这么大幅度的打折促销了,与此同时,4 月份的空调安装等售后服务也会缓慢下来。总而言之,此时正是促销的大好时机。

双方的销售业绩都不错,但得胜者只有一个,格力依靠此次价格战打了个翻身仗,成为这个淡季中销售空调最多的厂商。董明珠与国美的合作也没有随着促销的结束而结束,之前的尴尬烟消云散,他们计划着在空调销售旺季再出奇招。

　　这次价格战,董明珠与国美站在一边,但并不意味着格力放弃了苏宁的专卖店,一次不合作不代表永久不合作。商人的世界简单又难以理解,他们好像一直是孤军奋战,但也好像始终都抱在一起,今天的国美与格力,很有可能就是明天的苏宁与格力。

　　这场价格战开场没多久,国家就发布了公告:为了维护市场秩序,要彻底杜绝价格战。国家的政策自然有其道理,长时间的价格战会摧毁现有的经销模式,最后厂商为了追求低价会不惜以牺牲质量为代价,这样一来,中国的空调行业就会彻底崩溃。

　　这一公告的发出,是为了巩固现有的市场,也是为了市场的良性竞争,对市场是有百利而无一害的,但人们还是想听听价格战的主角之一,董明珠会说什么、做什么。

　　事实上,她对价格战一直以来都是持反对态度,还曾言明格力空调不会降价,但是现在却以超低价售卖,人们有些疑惑。对此她说:"暴利时代结束了!"该是让利于民的时候了。

　　没有了因价格而来的优势,如何刺激消费者购买空调便成了一个新问题,对此,董明珠发散思维,提出了"只有全渠道零售商才能满足消费者日趋个性化的消费需求"。全渠道的构建,是在原来的各级实体店的基础上更丰富内容,其中包括线上销售和线下销售,线下销售即为传统销售方式。

　　新时代的产品买卖不再只依靠质量,销售方法也是重中之重,甚至在产品价格相同时,比的就是宣传,谁更早地进入大众视野并站稳脚跟,谁就能一骑绝尘,成为市场的主宰。

第九章　永远在路上

◎ 格力的手机时代

2015年3月18日晚,很多人在网上看到了一张图片,这是一张手机背面的图片,上面印有"GREE",人们纷纷猜测这是格力的新产品。该手机采用金属外壳,土豪金的配色让手机看起来很时髦,屏幕大小也是市场的流行趋势——5.5英寸。

格力有了新产品,董明珠当然又一次成了媒体的焦点。她在接受采访时表示,格力确实打算进军手机行业,而且要做出不一般的手机——保证使用3年也不会坏。

如今,手机市场极为繁荣,手机更新换代速度极快,除了少数几家手机厂商提供的质量过硬的手机外,大多数手机厂商的手机使用寿命都只有一年左右。董明珠却想把这个时间延长至3年,很多人觉得她异想天开,都等着看她的笑话。

当然,董明珠和格力绝不是笑话。在格力手机进入大众视野之前,格力便与"手机"联系在了一起,这源于一场"打赌"——"一亿赌约",让董明珠、雷军、手机成了当时最热的话题之一。

不知道董明珠的那"一亿赌约"是在为格力手机造势,还是她真的与雷军打赌,但这场豪赌却赚足了眼球,一时间,街头巷尾几乎都是董明珠和格力手机的消息。

外界对于格力手机的猜测从未停过,其中有些猜测是很合理的。据可靠人士透露,格力手机的发布只是第一步,未来还会有很多机型,会有适合高端人群的高端机,也会有适合大众的普通机。这代表格力手机的目标消费人群囊括了所有手机的使用者,对一个初次尝试手机生产的厂商来说,其野心之大不言而喻。

在销售上,格力是有一定优势的。格力多年来打造的自有专卖店早已成了气候,生产出的格力手机可以在其中售卖,比其他手机的推广容易了许多。也可能正因如此,董明珠才有底气说:"格力手机要卖一亿部。"由此可见她对格力手机的信心。

董明珠绝不是盲目自信,格力多年来的空调销售业绩有目共睹,消费者甚至有一套顺口溜:"冰箱要买海尔的,洗衣机要买小天鹅的,空调要买格力的!"在众多空调厂商中,格力一枝独秀,也是中国出口空调最多的厂商之一。

而进入 2000 年后,格力更是打出"好空调,格力造"的广告语。董明珠知道,想要让这个口号变成"好手机,格力造",仍需时日。

手机是一个大众消费品,其使用频率远高于家电,董明珠要做手机,却不仅仅只是做手机,她看上的是智能家居的市场,她所提出的格力手机,也只是连接格力电器的接口而已。

在一次访谈中,董明珠提出了智能家居的概念,也让这个新鲜名词进入了大众视野。智能家居,是指依靠智能手机远程控制家中的电器,这是很多家电公司始终致力研究的。就连苹果公司也一直在努力把手机与家电联系在一起,先是 iWatch 的推出,后来又有消息称,他们想要把手机与汽车联系起来。

很多家电厂商都有此想法,董明珠当然也不例外,格力手机便是她践行这一梦想的第一步。

5 月,格力手机横空出世,但并没有收到预期中的反响。随后,董明珠

第九章 永远在路上

表示格力手机只在商城内换购售卖,可就算针对忠实用户开放,格力手机的销售情况也很惨淡。

6月,在格力的股东大会上,董明珠把之前1亿部的目标缩小至5000万部,对外界的说法是:格力还在研究手机其他重要的功能,目前不适合大众市场,所以没有对外发布。她还做起了股东的工作,让他们以1200元的单价限购两部手机。媒体人纷纷猜测,董明珠这次玩砸了,估计5000万部也卖不出去。

不过,在格力手机的声音越来越小之时,董明珠又一次带来了新消息,7月14日,董明珠在杭州的格力时尚生活馆做活动时表示,格力手机根本供不应求,虽然没有对外发布,但是内部的需求已经不能满足了,格力手机"出世"的那一天离我们不远了。

但有一点是董明珠没有想到的,就算格力手机在内部发售,但其手机细节的曝光实在太少,几个月来,消费者都没有真正地了解到格力手机到底是什么样的,这对以后的宣传发售来说非常不利。

可能是意识到这一点,没过几天,格力手机的开机图片又在网上流传开来。格力手机采用董明珠的头像、问候语和签名作为开机画面,与之前诺基亚的经典开机图片有些相似。

格力市场部部长陈自力对媒体表示,虽然格力手机的发售没有那么乐观,但格力手机的出货量不止如此,"从第一批内购到现在,格力手机卖出了几万部。但格力的手机一直在生产,没有停。"

值得一提的是,格力不做贴牌手机,格力手机是真正的"格力造"。董明珠在决定投入手机市场之时,就决心要做自己的手机,因此格力建立了自己的手机生产线,不靠代工出品。只是,格力手机的生产线虽已搭建完成,但并没有大规模地投入使用,也许是在等待着更大的机会。

董明珠对待手机与对待家电一样。众所周知,格力家电以结实耐用著称,她希望格力手机也是如此,这可让格力手机的配件商叫苦不已。一次,格力手机负责人在验收摄像头时，先是测试了一下摄像头是否完好，又在桌子上摔了很多次，之后才拿起来继续测试——只有经过这样的测试还能继续使用的产品，才会被格力选择。

格力的验收方法被同行称为"暴力验收法"，这也是导致格力手机出货缓慢的原因之一。尤其是格力的第一批手机，验收得更为严谨，陈自力表示，"这是格力的第一批产品，质量不好会给品牌带来巨大的伤害。本来第一批手机我们就为了做品牌，没有做利润。"

一年以后，在关于格力手机的话题逐渐归于平静后，董明珠表示格力手机即将发售第二代产品，而且已经在开发第三代产品了，对于人们还不识庐山真面目的格力手机，其推出的速度真像是坐了火箭一般。面对第一代的惨烈形势，董明珠把第二代产品定价在 3000 元的档位，此举可谓大胆，小米、魅族等手机品牌都无法在此价格区间站稳脚跟，国内的品牌能够迈进 3000 元大关的，也只有 vivo、OPPO 和华为这三个品牌。

对于用户来说，手机市场注入新鲜血液是件好事，这意味着消费者有更多的选择机会，但对于厂商而言则是不小的挑战，更多更激烈的竞争，使得品牌稍有不慎就会跌入谷底，很难再爬起来。

格力手机的第二代产品渐渐跃入消费者的视野，董明珠也更加卖力地宣传着新产品，很多场合上都能看到她和格力手机，这是她从业以来较为罕见的，一直喜欢在幕后工作的她，近几年来越来越多地活跃于荧幕上，也让消费者对这位女强人多了几分熟悉和了解。

格力手机究竟会何去何从，我们不得而知，唯一可知的是，董明珠和格力永不止步。

第九章 永远在路上

◎ 进军汽车领域

2016年,注定是格力和董明珠无法低调的年份,先是格力手机,接着又是电饭煲的消息,更夺人眼球的是:格力要进军汽车行业!很多人都以为是讹传,一笑了之,但这"讹传"却得到了董明珠本人的肯定,格力确实要造汽车!

3月7日,格力电器公司发布了公告,按照计划将要收购珠海银隆新能源有限公司,该公司是一家研究锂电池、新能源汽车动力和整车研发的公司。公告一出,外界立即炸开了锅。

董明珠所领导的格力一直在寻求突破,行业跨度也越来越大,但从手机领域跨越到汽车行业还是令人吃惊的。若换成一般的企业,基本上不会如此跨行业生产。事实上,董明珠并不是第一个想要跨行业生产汽车的,在她之前还有一个人——创维数码CEO黄宏生。

几年之前,黄宏生带领创维开拓新的领域,并扬言,"电动汽车业务要10年做到千亿。"创维收购了相关的新能源公司,几年时间内虽然还未见到新能源汽车,但也做得风生水起,让众多精英人士看到了汽车的另一种前景和企业的另一条出路。

在黄宏生收购新能源公司之时,董明珠就一直在观察,对于这种不熟悉的领域她不敢贸然出击。

2016年1月,在珠海市人民代表大会上,董明珠与珠海银隆董事长魏银仓相谈甚欢。两人同为金湾区的人大代表,以前也有过诸多接触,在接触中她发现,魏银仓是个懂得开拓的人,他负责的珠海银隆也在积极拓展其他业务,绝不在一棵树上吊死。

慢慢地,董明珠开始对魏银仓的珠海银隆感兴趣了,正好魏银仓也有合作的意思,两人在之后的几次接触中更加明确了合作意向,魏银仓提出在模具和品控方面进行合作,当时董明珠说,"格力有电机厂、有模具开发、有成型的工艺,可以和银隆联合开发。我认为银隆新能源很可能成为珠海第二个千亿企业。"

谈起此次收购,董明珠表示他们是在春节后启动该收购计划的,看好这个时机,是因为银隆新能源2月份刚刚完成了第二轮融资,投资的股东多达20多家,她开玩笑说:"再不买就被别人买走啦。"

除了这些表面上的数据,董明珠还做了充足的准备,她对这家公司的各项数据了如指掌。2015年这家公司纯电动客车的销量为3189辆,虽然并不是多好的成绩,但自2016年国家大力扶持新能源汽车后,这家公司今后的前景必定一片大好。

在格力发布消息后,除了董明珠在忙,媒体们也忙得不亦乐乎。

他们认为,格力进军汽车行业是在冲击第二个千亿业绩,一部分人正等着看格力新的突破,但同样也有媒体认为格力眼下的定位十分不明确,非但不会有积极收效,还很可能把观众的注意力从格力的家电产业上移开,很容易顾此失彼,丧失原有的消费者基础。

在公告还没有发布之前,媒体就得到董明珠要有大动作的消息,她走到哪里都会被围堵,被追问此事。

3月5日,在中国企业家两会沙龙的活动上,董明珠发声打消了媒体的疑虑,她表示格力不会放弃传统行业,对于新的行业,格力"只是分成了几个不同模块,是为了技术上的更多延伸"。

第九章 永远在路上

格力的这种做法其实很常见,其发展至今也一直如此。

早期的格力一直是做空调产业的,但一个产业的热度是有限的。尤其是空调这种大件,使用时间长,热销时间虽然不短,可一旦达到了一定的销售高度后,就需要很长时间才能再次活跃起来。因而,只依靠单一产品,企业必然不会永葆活力。

董明珠很早就发现了这一点,在格力空调产业稳定之时,便积极开展其他家电业务。于是,越来越多的产品线在格力建立起来,当时朱江洪主抓技术,董明珠则负责业务。毋庸置疑,正是这种拓展方式,才让格力取得了今天的成绩。

多元化是企业壮大时的必然选择,不仅董明珠和格力这样做,国内很多企业家也都是这样做的。任何一家企业,在某一方面达到一定高度时,都渴望在其他领域寻求突破。

在这方面,美的也是一个典型。美的是做风扇和空调业务起家的,在发展到一定程度后,也开始着手发展其他家电产品,他们把目标定在了——冰箱、洗衣机和其他的小家电身上。

正是由于及早地投入其他家电产品中,才促使美的能够在其他品牌低迷时一枝独秀。2015年,众多厂商的营业情况都不好,美的却出现了增长的趋势。由此可见必要的多元化拓展的重要性。

董明珠收购了珠海银隆后,沉默了一段时间,媒体却闲不住了,有人开始猜测虽然格力收购了新能源企业,但是离造汽车还有很远的路,不知道会不会沉寂下来……

5月31日,董明珠出席活动时,对这种质疑持否定态度,她霸气地回应道:"今天我来捅破这层窗户纸,格力收购新能源企业,真的要开始造汽车了。"

汽车行业一直是技术主导的行业,各种零件的完美配合才能组合出一台高性能的汽车。同时,汽车行业也是一个饱受争议的行业,燃油汽车污染大气、浪费资源，这些都让汽车行业处于尴尬的地位。

这些问题困扰了汽车行业多年，直到近几年新能源汽车浮出水面才有所缓解。董明珠选择在此时进入新能源汽车行业，应该是个不错的时机，国家政策也在积极鼓励开发、生产新能源汽车。

对于珠海银隆未来的发展，董明珠并没有说太多，她只是表示股东们还在计划，一定会选择一条最适合格力，也最适合珠海银隆的道路发展，不会白白牺牲一个好机会，耽误一个好企业。

她在珠海银隆中选出了一批热情高涨的工程师，把他们送出国门，继续深造，学习国外先进的新能源技术，学成回国后能运用到中国的新能源汽车研发上。这次深造表明了董明珠造汽车的决心，也大大地加快了珠海银隆新能源汽车的开发进程。

有人拿格力手机惨败的业绩对比，用此讥讽董明珠痴心妄想。之前格力生产的格力手机一直都在大家的期待中，可是左等右等，还是没有等到它面市销售的消息。最后，格力称生产出的手机不对外发售，仅内部销售。通过商城的数据来看，仅卖出了8000多部，这样的业绩让人不忍直视。不过，这并不能说明她进入汽车行业的选择是错的。

参考格力手机的现实，这次收购又有人说她不务正业，"董姐"再次发声："时代在变化，格力的经营思路也在发生转变。不少人在质疑，如今我们频频玩跨界，是否有些不务正业？格力用行动阐述当前格力的目标是多元化经营，让中国品牌走向世界。"

虽然董明珠曾豪言壮志，但2016年11月16日晚间格力的一则公告打破了她的"汽车梦"。公告上宣称格力电器收到珠海银隆发出的书面告知函，内容主要为交易方案经调整后未能通过珠海银隆股东会的审议，珠海银隆基于表决结果终止本次交易，因此格力电器不再筹划发行股份购买资产事宜。

格力发布的公告态度明确，表明收购之事已经终止，但两家企业的合作似乎并未停止。11月18日,珠海银隆的高层表示公司将与格力在储能系统、智能装备等领域展开新的合作,但是否继续合作以及合作程度还要看格力未来的战略部署。

短短几个月之间,格力与珠海银隆之间上演了一场又一场的争夺战,虽然与珠海银隆的合作暂缓,但格力似乎并未结束造汽车的计划。

格力关于汽车的诸多策略让许多业内人士持观望态度,不知其葫芦里卖的是什么药,但格力以及董明珠在汽车方面似乎下了大的决心,董明珠也在这件事情上备受争议,关于珠海银隆的收购波折不断,但关于格力造汽车的道路会走多远,目前仍是个未知数。

◎ 一只电饭煲的市场经

2016年3月8日,三八妇女节,这一天,董明珠没有休息,她做了一件出人意料的事情——请大家吃饭。与一般饭局不同的是,她请大家吃的只有米饭,没有任何菜品。其实这次请客的主要目的,是为了介绍格力新推出的一款电饭煲。

一直以来,日本的电饭煲在国内都十分畅销,还有个著名的段子专门描述过这样的场景:一队赴日本旅行的游客刚一落地,几个热衷购物的团客就立即奔入商场开始大抢购,他们不约而同地都买了电饭煲。对于这样的情形,国内的电饭煲厂商显得很无奈。

早在一年以前,董明珠就下定决心要让中国人买自己的电饭煲,她向媒体坦言:"我特别生气,也很悲哀,中国没理由连个电饭煲都做不好。"憋着一股劲儿,时隔一年,她带着格力的电饭煲隆重亮相。

随着一声"开饭",大家面前的小桌子上摆上了四碗白米饭,这是包括格力大松品牌在内的四种知名电饭煲煮出的米饭,上面没有任何标志证明哪一碗是格力的,她要请大家盲评。

董明珠看着在场的各位,称这不是普通的米饭,四碗米饭中有三碗是用国外热销的品牌电饭煲煮的,而另一款则是格力新生产的电饭煲煮的,市面上还没有出售。

第九章　永远在路上

大家你一言我一语,问了些相关问题后开始品尝起来,最后经过投票,众人选出了一碗最好吃的米饭。谁也不知道这碗胜出的米饭究竟是哪一个品牌电饭煲煮的,直到主持人缓缓揭开品牌,大家才知道,胜出的是格力的大松牌电饭煲,董明珠的脸上马上露出了笑容。格力一年的努力没有白费。

格力电饭煲煮出的米饭在口感上让人信服了,接下来还要在营养上让人无可挑剔。董明珠请来了中国质量协会用户工作部部长李高帅,李高帅在现场公布了四种电饭煲煮出来的米饭的质量检测报告,结果显示,营养关键指标粗蛋白这项的含量,格力电饭煲明显高于其他品牌。

在这场国内外电饭煲的较量中,格力彰显了自身实力,董明珠和格力的名字也终于出现在了电饭煲领域中,这不禁让世界同行刮目相看。自此,国内热抢的电饭煲不再只有日本、美国品牌了,中国自有品牌也有了一席之地。

有了技术上的突破,格力还需要让大众认可大松电饭煲。这次"饭局"就是一次成功的推销,起码让媒体和大众知道了格力的新产品。

在"饭局"之后,董明珠接受了记者的访问,面对千奇百怪的问题,她用最真实的声音表达着内心所想:"格力举办此次体验活动,就是为了让消费者了解到中国也有好的电饭煲,并以此为契机,重建国人对中国造的信心。"

看来,这次评测不仅让大众了解了格力的新产品,同样也是格力的一次尝试。早期,面对越来越开放的市场环境,消费者的观念和消费水平都有了提高,原本简单实用的"国产"变成了低廉无用的代名词,而国外的商品无论品级怎样,都带有高大上的光环。

这不是格力一家企业所面临的问题,而是国内所有企业都面临的一个挑战。

在此后的全国两会上,董明珠又被记者追问电饭煲开发的诸多细节,在采访中,她表示不愿意再看到国人漂洋过海地去国外抢购电饭煲,要让中国的电饭煲自信起来。

格力一直是一家紧抓技术的企业,这次虽然是一只小小的电饭煲,但是在技术上却没有丝毫的掉以轻心。格力之前就在研发电饭煲,也生产过类似的产品,不过一直有无法攻克的技术难关。借这次机会,格力再次聚焦电饭煲制造技术,以求突破。

这款电饭煲采用了最先进的 IH 电磁加热技术,即"通过磁力线的高频磁场环绕金属锅体来产生电流,进而产生强大的火力、热传导力和优秀热对流使锅体立体发热来实现蒸煮功能,且具有升温快、控温强的特点"。格力的新技术使电饭煲中的每一粒米都能够均匀受热,这样做出来的米饭杜绝了夹生现象,保证了每一粒米的饱满香甜。

格力大松电饭煲问世后,受到了外界的广泛关注。在《财经国家周刊》的采访中,格力的电气工程师孔进喜告诉媒体,格力为了开拓电饭煲产业,甚至选拔出一批人专门负责煮米饭。每天用不同的方法煮米饭,除了要求加热快,还要求米饭的口感好。单是做实验,他们就用了 20 多种大米,3 年的时间用掉了 4.5 吨大米,相当于一个成年人 12 年食用的大米量。

当人们的视线聚焦在大松电饭煲身上之时,董明珠的老对手雷军也带来了小米的新产品——也是一款电饭煲。这一次,两人没有针锋相对,而是联手开始夺回中国的电饭煲市场。

中国的企业家在抢夺国内市场时,经常互不相让,但在面对国际冲击时,他们又会抱成一团,共同抵抗国外的竞争对手。

这次联手,与董明珠的强硬相比,雷军显得更柔和一些。小米选择在北京以更传统的方式召开发布会,向人们介绍了小米生态链的全新品牌和产品,其中就包括备受瞩目的压力 IH 电饭煲。

被问到格力同时推出的电饭煲,小米的态度令人钦佩,他们没有同行相讥,而是选择站在同一阵线。很快,更多的电饭煲厂商推出了国际化的电饭煲,把国人的眼球从日本电饭煲上拉了回来。

国内电饭煲市场的情况逐渐好转,人们对日本电饭煲的热情逐渐消退了,开始关注国内产品,这场没有硝烟的战争就此落下了帷幕。

值得一提的是,格力的大松电饭煲和小米的 IH 电饭煲在市场上的反响都不错,消费者对这两款电饭煲都很认可,无论是外观还是性能,都受到了消费者的称赞。有的消费者甚至说:"跟日本买的电饭煲也没差在哪。"这表明消费者对"国货"很满意,并开始接受"国货"。

董明珠有一句话经常被现代的企业家引用,那就是"提升中国造的水平是我一生的追求,为了让中国人不用到国外去买电饭煲,格力始终坚持核心科技和原创设计,用品质卓越的产品打动消费者,让国人爱上中国造,才能让世界爱上中国造"。

◎ "董小姐+"直播

2016年,短视频和直播行业横空出世,许多人都关注到整个新兴行业,董明珠也不例外,但是她没有冒进,而是作为一个行业观察者在静待时机。2020年,短视频和直播行业再次展现出惊人的发展态势,她果断加入,成为一名新潮的主播。

2020年4月24日晚8点,董女士身着优雅的深绿色长裙,现身网络直播平台,这是她的直播卖货首秀,可惜这次直播由于网络原因,多次出现卡顿,观看效果大打折扣。这次直播让董明珠和格力再次成为讨论的焦点,虽然"战绩"只有22.5万元,但直播的意义远大于销售额。此次直播使用的是格力电器的官方账号,直播持续时间为64分钟,直播间累计观看人数达431.78万,在线人数最多时高达21.63万,格力电器的官方账号的关注量猛增59万,这种号召力不容小觑。

这次直播中,董明珠不同于其他带货主播,丝毫不让利,没有打折款,即便如此她还是依靠她的名气撑起了全场直播。直播中,除了介绍商品,她还谈了许多自己对于各行业和社会现状的看法,她认为这届毕业生正面临着前所未有的难题,她提倡"应届生不要挑剔,首先要有活干",先依靠自己解决生存的问题,再考虑其他。

有人在直播间问到疫情的裁员问题,董明珠明确表示格力不会因为疫

第九章 永远在路上

情裁员,一方面正处于疫情期间,大幅度裁员造成的失业和就业问题将成为整个社会的难题,这些员工也有家人,格力不仅要为企业考虑,也要为他们的家庭负责;另一方面,电风扇、空调等家电的销售旺季即将到来,如果大幅度裁员后遇到大面积生产,临时招来的人并不能马上熟悉产品和设备,造出的产品面临的质量风险太大,格力不能把这样的风险转嫁给消费者。

除了此次,董明珠在之前的采访中多次表示,直播带货是一种新的销售模式,但是格力依然会将重点放在线下,无论何时格力都会尽力保障几十万的线下销售人员,尤其是在"新冠肺炎"肆虐期间,更不能让他们失业。面对时代的考验,格力从来没有听之任之,而是积极努力地寻找突破口,当销售面临压力时,格力开始了连锁生涯;当价格受到冲击时,格力向质量看齐;当线下门店遇到行业危机时,格力提供了线下体验服务,每一步董明珠都引领着格力走向新的潮流,这也是格力为何能屹立不倒的重要原因之一。

疫情之后,董明珠率领各大企业首先开始了口罩的生产和制作,并预计投入 10 亿元用来研发医疗器械,格力跨界到医疗行业备受关注,她在直播中直言,她认为口罩会成为之后的必需品,人们也将更加关注医疗健康等方面。

实际上疫情蔓延的几个月,对于家电行业来说影响巨大,格力 2020 年 2 月份的销售额几乎为 0,而所有员工一个月的工资接近 7 亿元,格力一季度的销售额同比 2019 年下降 44%,净利润同比 2019 年下降 70%,如此巨大的落差都是格力在独自承担。对于这样的亏损,格力是如此解释的:"受新型冠状病毒肺炎疫情影响,空调行业终端市场销售、安装活动几乎无法开展,公司及上下游企业不能及时复工复产;一季度,空调行业终端消费需求萎缩,叠加新能效标准实施的预期影响,行业竞争进一步加剧,公司继续实施积极的促销政策。"为了减小亏损,格力陆续开展了直播业务或是新媒体运营项目,而董明珠本人也开始追赶潮流,成为格力的带货女王。

疫情期间,直播带货模式一飞冲天,这种足不出户的刺激性带货模式,深受消费者喜爱,但是这种模式能够走多远还要取决于市场,也要看消费者对于产品的认知。2020年3月开始,家电行业出现了回暖迹象,市场规模为854亿元,虽然仍然同比下降38.5%,但下降幅度明显收窄。即便如此,家电行业仍然面临严峻的挑战,随着国外疫情的反复,出口的压力仍然存在,之前一段时间滞销的家电和库存压力、裁员闭店等带来的负面影响,家电行业的亏损将持续一段时间。

负增长已成既定事实,为了缓解这一压力,许多品牌将"618"大促活动看做一次契机,董明珠也是如此,积极筹备"618"事宜,格力推出了多种优惠措施,真正地让利给消费者,同时也是帮助自己缓解库存压力。

2020年6月1日,儿童节这天,董明珠再次开启直播带货模式,这是董明珠的第四次直播,这次直播收效惊人,直播成交额高达65.4亿元,一场直播的销售额如此之高令人震惊,成交额相当于2020年格力电器一季度销售额的32%,她成功的过程引发行业内的思考和关注。

董明珠的四次直播带货销售额分别是22.5万、3.1亿、7亿、65.4亿,如此爆炸式的增长与格力的经销商模式关系巨大,经销商在线下先获得流量,将所有潜在用户领入直播间,而每一个潜在用户只要下单,经销商都会获得分红,这样极大地促进了经销商的引流,而直播间内的目标用户也更多。董明珠的直播实际上是直播分销的模式,依靠的还是传统分销模式,只不过将其拿到了线上。这与薇娅、李佳琦等直播带货明显不同,他们是靠自己的人气,将流量聚集在直播间,从而完成线上销售。从引流到价值转化,董明珠所做的,与当年在珠海所做的似乎一样,无论潮流怎么变幻,依旧走格力自己的路。

她虽然开直播的时间不长,但是直播间的玩法却很多样,当然这些玩法也有格力的影子,其中的9.9元定金的玩法值得参考。首先经销商筛选出潜在客户,在直播前,这些潜在客户有机会预付9.9元,直播过程中购买任何产品,这9.9元都相当于50元,如果不下单购买产品,9.9元不退。这样的方式进一步筛选出购买者,刺激他们下单,活动的转化率自然高。

在董明珠直播间获利的,除了消费者,还有经销商。除了经销商获得的流量分红,如果一个路人并非来自于经销商,他在直播间下单成功,格力总部会将这个订单分配给相应区域的经销商,经销商可以获得相应的安装费、服务费等。而且依靠经销商现有的网络,无论是发货和售后都有保障。

格力有自己完善的经销商体系,他们分区严格,禁止跨区销售。每件电器都带有区域激活码,只能在相应的区域激活,只有激活后电器才能使用,从根本上避免了不良的内部竞争。

董明珠直播的完整体系,需要依赖完善的IT构架,在直播行业崭露头角之时,她就已经开始了IT建设,虽然不是专门为直播打造的,但小小的直播完全可以应用之前的构架。在直播行业收获颇丰的董明珠,不知道还会在直播间出现几次,她展现了格力扎实的销售体系,也展现了自己的非凡之处。

直播带货的主播规模庞大,而只有董明珠一人使用这样的方式直播,也只有她仅用四次直播就完成了销售额的爆发式增长,这与格力长期以来的经销商模式密不可分,也与格力逆境中顽强的生命力息息相关。

Chapter 10

第十章
镜头下的董明珠

◎ 站在风口的女人

无论是在大众视野,还是在企业界,董明珠三个字就代表着格力,她不仅是格力的象征,也是中国家电行业的一个重要符号。她的一举一动,都牵动着市场的脉搏。

2006年8月,格力再发奇招,把股票推向经销商——将总股本的15%以极优惠的价格发放给经销商,这样一来,经销商与格力的联系就更加紧密了,一荣俱荣,一损俱损。只是,不少人对此持怀疑的态度,这样的做法可能会让格力在股票市场表现得更加有力,但同样格力也要承担经销商的责任。

面对无法估量的后果,董明珠选择相信她的合作伙伴们,从筛选到发放,每一个步骤她都小心谨慎,还好最终的结果皆大欢喜,看到好的结果,她才松了一口气。也是在2006年,她被评选为2006 CCTV中国经济年度人物,这也是她第一次从格力的幕后走到台前。

在此之前,她也有过顾虑,太频繁地出现在公众视野内,既可以成为众人的焦点,也会因此成为众矢之的,对格力来说,是好是坏无法预测。最后她选择顺其自然,毕竟处于风口浪尖这么多年,她对很多事情已经免疫了。

参加颁奖典礼时,主持人问她女人当家作主的秘诀,她直言不讳:"我觉得是八个字,女性要自信,要执着,要坚强,要有奉献的精神。"如果一个企业的老总在这样的场合说这些大家都知道的"标准答案",很多人也许会觉得这很没有诚意,但这些话由董明珠说出来,却有一定的分量。

她从业几十年来,从不把自己放在弱势群体的位置上,而她所做出的成绩超过了许许多多的男性。当然,所获取的物质财富也较之他人更为丰厚——她是一个在精神和物质上都极为"富有"的人。

很多人认为,富有是用来评判个人价值的,但董明珠却认为富有在于一个人为社会带来的价值。她除了把自己送往孤独的站台,还把格力送向了世界的舞台,让人们一提起家电就想起格力这个品牌,让它成为中国企业的骄傲。为了做到这一点,她付出了许多,这种奉献精神是一般人无法企及的。

在事业中,董明珠一直把做人放在第一位,把技巧放在其后,她认为做企业和做人是一样的,原则是第一位的,不要因为人情而选择退让,如果那样,人则无信,企则无德。她从一个基层的业务员走到总裁的位置,正是依靠自信、执着、坚强和奉献,造就格力的同时也造就了自己。

在电子商务极速发展的时代,家电行业作为夕阳产业,既要在电子商务的领域开疆辟土,又要在传统销售模式中站稳脚跟,他们面临的挑战可

第十章 镜头下的董明珠

想而知。

但是,面对如此险峻的情况,董明珠没有像其他厂商一样畏首畏尾,而是加快了格力前进的脚步。2012年,董明珠全面接手格力,便制订了5年计划——销售额要达到两千亿。很多人质疑她的决定,任谁也无法在海外市场销售能力不确定和国内销售市场前景不明朗的情况下夸下海口。

但是,董明珠艺高人胆大,她与其他人不同,格力也与其他的生产商不同,在与杨澜的交谈中她透露:"对于自己来讲,一定要有一个目标,到了今天,格力应该有能力每年按两百亿的速度增长,所以五年再打造一个一千亿。"

掷地有声的背后是有事实作为支撑的——全球最大的独立暖通空调和冷冻设备公司——美国的开利和约克公司在挖格力的人才,这说明格力的技术得到了世界的认可。更有传言称,开利的一个研究组里都是格力人。

杨澜问,这样会让董明珠担忧还是高兴?董明珠有些炫耀一般地解释说,自己是有些开心的,这代表格力在世界的地位,也说明之前制订的计划不是无的放矢。也希望开利作为培养全球家电行业人才的地方,能给格力带来更多、更优秀的人才。

但是,并不是所有人都看好格力。在2013年年初,格力被美国的合作伙伴告上法庭,原因是除湿机不合格。在事件之后,格力马上采取措施,宣布召回225万台除湿机,这意味着格力损失了近10亿元,这也是外界的质疑之源。

9月13日,深交所甚至发布了格力电器临时停牌的通告。

如果一般人遇到这样的事情,都会认为是事业上的一个不小的打击,但是董明珠却看得淡然,她解释说:"家电产品可能用两三年人家都扔掉了,但是五年八年了我们现在还要召回,对我们不会有影响,我们是不追究消费者的行为,而是从自身出发想想自己的问题。"

任何电器都有使用条件和使用时间,消费者把格力的除湿机摆在全密封的地下室,连续工作,没有休息,这如何不出问题？只是,格力依靠着自己的技术,把这个问题发生的时间有效地延迟了,这同时也给了格力一个审视自身的机会。

面对很多疑问,董明珠无奈地说:"几乎年年都在风口浪尖度过,我见惯不惊,甚至有点麻木了！"

从业几十年,董明珠一直在处理各种各样的问题,格力上市后仍然属于国有控股企业,董明珠只拿着很少一部分股份,她的付出与回报相去甚远,面对众人的不解,她选择相信企业最终是属于社会的。

在人们眼中,霸道的董明珠自有她看开的一面。

就拿市场上假公济私的行为来说,董明珠认为他们的想法是很可笑的,假公济私之后,虽然私人的利益得到了满足,但零件不合格,生产出来的产品同样是不合格的,长此以往,企业自然站不稳脚跟,损失的会更多——很多徇私利的人是在拿自己的长远利益换取眼前的利益。

遗憾的是,并不是每个人都理解董明珠所说的,否则就不会只有一个格力,一个董明珠了。

谈到与哥哥的不愉快,董明珠有些伤感,"事业上只有原则,没有亲情,没有朋友",也许听着感觉不近人情,但是仔细想想,却很有道理。作为企业负责人的董明珠一旦为哥哥打开了便利的大门,那么她的手下一旦效仿,格力将永无宁日,格力的合作商们也会有很多空子可钻,两者相比,她更愿意坚守原则,在一定程度上牺牲亲情。

"一天我还在这个位置,与哥哥的关系就不会缓和",生活中有太多的类似事情发生,大众,亲人,朋友的不解造成了董明珠不近人情的形象,也许她确实是不近人情的,但是她尊重的却是法律和原则,这两样东西是商场上的法宝,保证了格力在市场上屹立不倒。

除了亲情上的缺失,董明珠还一直被外人说没有朋友,说她的人生毫

第十章 镜头下的董明珠

无乐趣,出差不带秘书,有人找她办事难于登天,更有人说她退休后没有朋友会很孤独。

凡此种种,董明珠说:"孤不孤独是自己感受的,不是别人评判的,朋友不在于卿卿我我,而在于对你的支持。"董明珠为格力的付出有目共睹,几十年来始终如一,从未放弃过格力,她相信自己的付出会有人看到。

她曾说过一段话:"作为一个企业,对于整个社会来讲,它是一个个体细胞。但如果是癌细胞,很快这个癌细胞就会蔓延,最终就会死亡。"她一直努力将格力打造成一个健康的个体细胞,但覆巢之下岂有完卵?

在整个行业都不景气之时,格力也处于内忧外患之际,危机之中的董明珠镇定自若,坚信格力的未来必然一片光明!

◎ "桃花过处，寸草不生"

2013年7月20日，《开讲啦》邀请到了董明珠。开场时，主持人撒贝宁介绍董明珠时用了一个"狠"字，形容她不只是对别人狠，对自己狠，对家人也狠。他还用《大话西游》中春十三娘出场的台词——"桃花过处，寸草不生；金钱落地，人头不保"来形容董明珠的精明强悍，并且说她本人也更因为一个"狠"字成就了一段商界传奇，也成就了自己传奇的一生。

随着撒贝宁的介绍，身着白色休闲装的董明珠在掌声中款款走来，热情地与在场的观众打招呼。

一上来撒贝宁就发问，问她是否认识成龙先生，董明珠当然认识。成龙曾经代言过步步高VCD、小霸王学习机和汾煌可乐，后来这些品牌都销声匿迹了。很多人调侃说他代言一个产品就消失一个产品。后来，成龙成了格力空调的代言人，撒贝宁开玩笑地问董明珠为何没有研究一下成龙大哥的"经历"就请其做代言人。

董明珠很认真地解释她心目中代言人的作用：只是把一个企业的形象展示出去，要看这个代言人与企业之间的内涵能否匹配，只要能互相吻合就是个好的代言人。不能把之前代言的品牌的"罪过"强加到代言人身上。

之前成龙也来过《开讲啦》，面对同样的问题，他回答说虽然自己以前代言的产品都不知所踪，但现在代言的是格力电器，他们卖得越来越好。

第十章 镜头下的董明珠

董明珠听着撒贝宁讲述这一段,笑得合不拢嘴。

之后她还开玩笑说,成龙可能是想代言更多的产品。随后她的面孔严肃起来,正经地说,一个产品最主要的是质量,而不是代言人,只有质量过关、过硬,消费者才会认可,反之消费者是不会买账的。

企业和品牌的生命力是否顽强,最终都得靠自己,外部附加的诸多美赞只是一时,而顽强的生命力需要的是一个强健的体魄——也就是企业自身和产品技术。

随着玩笑似的开场,董明珠开始了当天的演讲。众所周知,格力电器是一家专业化的企业,但销售额能从2000万做到1000亿,原因何在?

董明珠说,成绩不是她一个人的,是所有员工的,员工们对自己的"狠劲儿",促成了产品质量的飞跃。她说,自己刚到格力之时,连空调是什么都不清楚,但这不影响她后来成为销售空调的能手。而且,"女人必须对自己狠一点",她还举了几个例子。

她当业务员时能够赚到100多万,她的上司才拿几万块,当时格力需要她,想让她回经营部,她内心很犹豫,毕竟真金白银摆在眼前,面对这种选择,大部分人都会倾向前者。不过,董明珠对自己"狠"了一次,服从了上级的调遣,可也正是因为她的"狠",才有了今天能够站在讲台上的董明珠。

在公司内部,她更是不留情面地"狠"。在公司,她对每个员工都一视同仁。以女性为例,她规定所有女员工不准戴耳环、戒指,不准披头散发,都必须梳起来。在一盘散沙的情况下,她从行为上开始约束他们,让他们有集体意识。

还有,在公司不准吃东西,不准窃窃私语,不准说三道四……这些"不准",自然是董明珠对员工的"狠"。

很多之前就认识董明珠的人知道她好说话,觉得这些规矩她只是说说而已。但董明珠几次三番地严格施行后,他们马上意识到问题的严重性了。通过几次惩罚,员工知道了自己该干什么不该干什么,在她手下混日子是没有出路的,也就开始打起精神用心工作了。

2001年时,董明珠成为格力的总经理,也是格力第一位女经理。很快,她开始整顿干部团队,这让很多干部为难。有人求情,让她从现在开始管理,之前的既往不咎,但她不同意,觉得拿了国家的东西就要吐出来。

为了听到更多一线员工的声音,她在食堂、厕所等地方都挂上了投诉信箱,这样既可以避免员工被打击报复,也能更多地了解他们的真实想法。

种种改革措施,都归纳为一个"狠"字,董明珠所推崇的"狠"不是对外的,而是对内的,要对自己"狠",要对自己的团队"狠",只有这样才能进步。

在教育儿子东东时,她依然遵照"狠"的原则。东东上学放学需要坐公交车,董明珠要求他只能坐1元钱的公交车,不能坐2元钱的空调公交车。其实她并不差这1元钱,但她要让东东意识到生活的艰辛,不能浪费自己的所得。

一个人的"狠"来自他的人生价值。古之立大志者,不惟有超世之才,亦必有坚韧不拔之志。一个人想要做大事,就不能只考虑眼前的利益,不要为钱而活。董明珠认为,一个人一生最大的价值不在于多么富有,而是回头看自己的经历之时能问心无愧,这才是真正的价值,但说出来容易,想做到却很难。很多人说董明珠是成功的,对于这一点她也表示认可,但她不认可大家的理由。

提到董明珠的成功,大家都喜欢拿数字说话,说她一年的流水有多少,有多少亿的身家。但是她自认为她成功的地方是培养了很多千万富翁、亿万富翁,得到了社会的认可。

她告诉《开讲啦》节目现场的同学们,要正确地看待别人对自己的评价,对别人做到问心无愧,这就足够了。一个有个性的人一定会遇到不同的声音,如果每一种都参考,都细想,那么毁掉的就是自己。如果说对别人没有遗憾和愧疚,那么就可以继续按照自己的方式走下走。

作为个人的志向是这样,但作为员工还是要遵守公司制度的。在员工

第十章 镜头下的董明珠

和上司这种"紧张"关系上,董明珠从自己作为上司的角度给出了解答:上司应该承担起教育员工的责任,应该把员工培养成为一个有自理能力的人,上司是没有男女差别的,就只是上司。

格力的员工对企业的认同度特别高。董明珠经常教导年轻人要认清自己的责任,同时也制定制度来帮助他们约束自己,慢慢地,他们对自己的职位都感到自豪。

在选择职位时,她还告诫同学们,最好能够延伸自己的专业,同时选择自己热爱的行业。一旦加入到某个行业,就要由衷地热爱,不能朝三暮四,要有持久性。

挑选员工时,董明珠最不能忍受的就是说谎。一次,董明珠打电话给一名员工,问他在干什么,员工撒谎说自己在陪客户吃早茶,但当时已经8点多了,不是吃早茶的时间,她随口多问了两句,对方承认自己并不是在陪客户,而是在陪父母。虽然孝心可敬,可他撒谎的行为是董明珠不能忍受的,于是免去了他的职位。

对此,有些人不理解,说尽孝不应该较真,但是董明珠说如果他承认是在陪父母就不会免他的职,可他却在撒谎。

演讲接近尾声时,在台上的董明珠与撒贝宁开起了玩笑,她笑靥如花地谈起了儿子。对于观众的问题,她也笑着回答。很多同学在此看到了一个不一样的董明珠,更对即将结束的节目意犹未尽。

有人说,这个女人走过的路不长草;有人说,这个女人霸道强悍,六亲不认,她对此的回应很简单:"我就是这样,如果我性格变了,那就不是我。"霸道直接,确实是个"不长草"的人物。

很多人在称呼董明珠时都用单立人的"他",而不是女字旁的"她",意在说明她像个汉子一样叱咤于商场上。

◎ 与雷军的"十亿赌约"

2013年12月12日,中国经济年度人物评选获奖名单揭晓,在万众瞩目下,董明珠和雷军登上了领奖舞台,同样在场的还有马云和王健林。

马云和王健林在形容董明珠和雷军时,分别用了"实体和实业"与"营销"两组词,两位企业家的成功,完全是依靠不同的销售模式和生产模式。雷军堪称"电商传奇"的代表,零工厂、零渠道、零店面,此"三零"让小米的员工可以更专注于产品研发和与用户沟通,产品价格也随之降低,这也是广大用户选择小米的原因之一。

与其迥异的是,董明珠带领的格力走的是实打实的路线,有自己的生产工厂,有自己的销售渠道,有自己的实体店,相当于雷军的"另一面"。格力至今已有25年的历史,早已成为家电行业的领头羊,即使是在受电商冲击的今天,其销售业绩仍持续走高,令人赞叹,这似乎与小米一上市便呈现"万人哄抢"的场面有异曲同工之妙。

小米的成功源于现代电商,是"虚拟和虚拟"的创新,而董明珠引导的格力品牌是"实体加实体"的销售模式。两位企业舵手各占一方,突显出中国现有的两种商业形式。

在现场,他们的讨论愈发激烈,高手过招,一颦一笑都是招式。

面对雷军"双十一"小米手机3分钟销售额达到一亿的数据,董明珠当

第十章 镜头下的董明珠

然有话要说:"我觉得很正常,不要被数据迷眼,因为我觉得现在这个大数据的时代,我们的电商模式也是新型的商业模式,所以它和实体经济的实体店的同步发展,是很正常的。"

虽没有直接指明,但董明珠话里有话——实体店是经营的根本,只有电商和实体的结合发展,商家才有未来的一片天,那么,只有电商销售的小米又该何去何从呢?

对于董明珠的疑问,马云深表赞同:"如果小米 23 年以后,还能够拿到这张图那才叫本事。"

眼见两位言语"不善",雷军自不甘示弱,他认为小米年年攀涨的数据是个很好的代名词。

不过,截至 2013 年,拥有 23 年历史的格力有着太厚重的数据,只两三年数据的小米,当然不能让董明珠信服。她说:"我与雷军都来自珠海,我们俩是朋友,但今天能不能在这掐一下。今天在座的有多少人用小米?"

现场零星举起三只手。雷军见此状只说:"这说明我们的市场空间很大,还有 99% 的人都没用手机。"

董明珠马上跟进:"在手机里谁是真正的老大?目前小米最起码不是老大,这是第二个问题。第三个,我想问雷军,如果全世界的工厂都关掉了,你还有销售吗?"

还未等雷军回答,董明珠步步紧逼:"他做营销确实很出色,但是他要感谢那么多工厂在为他服务,一个群体在为他服务。所以我觉得我们取得成绩的时候,不要忘了别人。"

这时,看热闹不嫌事大的主持人陈伟鸿也来掺一脚:"雷军,我觉得你好像需要给董总鞠一躬。"

一半玩笑一半认真的话,仿似戳到了雷军的痛点,他马上说:"我觉得董总是在挑拨离间,因为我刚才讲了,小米可以找最好的工厂和最好的供应链系统。"

董明珠一句双关:"我不给你做了。"

雷军再次解释,似乎为了"澄清":"小米用的是富士康和英华达。"

董明珠追问:"不给你做怎么办?"

雷军没想到董大姐会再次追问,只说:"发展到今天,强调专业化分工,做工厂的人专心把工厂做好,做产品的人专心做产品。"

一来一往,董明珠将现代商业和传统商业再次比较:"我是讲时代是在发展,IT行业大数据的时代,应该随着时间在变化,我们格力在23年前,我觉得那时候拿一个大哥大,很大,像奖杯一样的手机,大家都引以为豪。格力从成立那个时候到今天,如果那时没有现在这么现代,就想到这样,那我们就叫腾云驾雾,空想。所以我们要脚踏实地地做。到了今天大数据来的时候,格力,像我们这样制造业的企业坚守什么、发展什么是很重要的。"

在现场,除了探讨传统与现代商业模式,董明珠还透露了后台的故事:"雷军刚才后台就跟我杠起来了,他说我相信五年以后我能超过你,我就没回应他,我现在在台上说不可能。不可能的理由是什么?你虽然在网上销售,但你的消费群体,你说我要给那些用价格竞争,而格力电器不靠价格,靠技术。同时我有优秀的服务,是因为我有几万家专卖店的同时,假如和马云合作的话,那不是天下都是格力的吗?怎么可能是你的呢?因为你没有支撑他的东西,没有很好的工厂打造出更好的产品做好服务,我的产品不要售后服务,谁不买我的呢?"

董明珠的这番话,是在场所有人始料未及的,因为这些话更适合在私密会议中探讨,而非在公众面前剖白。

董明珠言毕,主持人颇为惊讶:"董总,您的架势会让很多米粉伤心,雷军是他们心目中的'雷布斯',您可以温柔一点跟他说。"

也即是这个当口,雷军在强调了小米的优势服务后,表示愿意打赌:"请全国人民作证,五年之内,如果我们的营业额击败格力的话,董明珠董总输我一块钱就行了。"

第十章 镜头下的董明珠

董明珠笑了笑,自信又坚定地回应:"我告诉你,一块钱不要在这说,第一,我告诉你不可能,第二,要赌不是之前说的一亿,我跟你赌十亿。为什么?因为我们有 23 年的基础,我们有科技创新研发的能力,而且我们保守(保留)了过去传统的模式,把马总请进来,世界就属于格力,你只有一半,不行的。"

此话一出,掌声雷动,董明珠仿佛回到了创业时代,充满朝气,雄心勃勃。"十亿赌约"也就在这场谈话中达成,这是继 2012 年马云与王健林为"到 2020 年,电商在中国零售市场份额是否会超过 50%"而定下的"一亿赌约"之后更大的赌约。

面对赌约,董明珠显得胸有成竹:"对方是信心满满,可能这个信心满满恰恰就是他的危机。我觉得刚才听他的陈述当中,他最大的问题是没有共赢的思想,把所有风险都转嫁给别人,如果卖不掉就变成库存,或者甚至什么什么样的问题,他只抓销售,卖掉就是我的,卖不掉就是别人的,我觉得他真正的危机在这里。"

董明珠所言非虚,不无道理,雷军现有销售模式中的确有其弊端所在。董明珠能"一句道破",得益于其在商场中摸爬滚打所历练的眼光,更是身经百战后获得的经验。

董明珠与雷军的赌约,是两人所代表的两种生产—消费模式上的碰撞,也是传统和现代的较量,这次赌约,也在不同程度上刺激着其他的中小企业,它们到底该向何处转型,是传统还是电商,这是个值得深思的问题。

而更值得称赞的是,"走过的路不长草"的董明珠,她身上的倔强从未输给时间,反而随着时间的积淀愈发坚韧。也许,这正是她在商场上独占鳌头的决定性因素吧。

虽然"十亿赌约"后因"小米涉足房地产"而由董明珠宣告"夭折",但人们仍会记得她因此而来的霸气与卓越的眼光,这也是支撑格力长足发展的擎天之柱。

◎ 鲁豫有"约"董明珠

董明珠是商界的传奇,也是一个时代的传奇,对于这样的女强人,人们总是好奇的。为了揭开谜底,《鲁豫有约》请到了董明珠,由此她揭开了一段段往事,畅聊从业几十年的故事。

这次的《鲁豫有约》没有在摄影棚内进行,主持人陈鲁豫带着她的拍摄团队来到了珠海,来到了格力。第一天他们在格力总部参观,第二天珠海一改持续的阴雨天气,天公作美,碧空万里,董明珠提议去珠海的情侣路散步,两人手拉手同去了。

这天,董明珠身着黄绿色花裙,上着小衫、披肩,女人味十足地出现在陈鲁豫面前,人们口中的霸道总裁、销售女皇没想到竟然是这样的形象,陈鲁豫带着疑问开始了当天的访谈。

陈鲁豫直率地问起董明珠为何当初离家会选择珠海,而非别的城市时,董明珠仿佛沉浸在当时的场景中:"选择珠海这个城市是个偶然,这个城市太美了。而我选择销售则是因为这个工作非常具有挑战性。"

谈及往事,董明珠很镇定从容,一一道来:"我选择制造业不算是一个命运的偶然,我喜欢制造业。"从学生时代开始,她就沉浸在制造的世界里,"总喜欢翻家里的东西,想拆开来看看。"之后在格力的这些年,她从底层做起,一步步走到现在的位置,感慨颇多。

第十章　镜头下的董明珠

陈鲁豫惊讶："难道你喜欢的不是营销吗？是不是有这方面的天赋。"

董明珠摇头："我并不是一个天生会和人打交道的，因为我这个人比较较劲，爱讲真话。小时候也是这样，有什么想做的我就会去表达。而且我觉得营销不是靠吹，除了勤奋还应该真诚待人。我当时做营销就是靠坚持，不成功就成仁。"

很多人喜欢拿名人的经历作自己的范本，在谈到董明珠的经历之时，很多人觉得并没有什么特别之处，觉得自己可以复制这样的成功。但实际上，董明珠的成功不是一蹴而就的，也不是能轻易复制的，一方面在于她处理事情的能力，一方面在于她的坚持。

谈及童年，董明珠打开了话匣子，说起了学习骑自行车和游泳的事情。两件事情，她都是靠着较真的劲头才做成的，这种较真的个性也一直延续至今。

现在，格力内部正在倡导一股较真风。从员工的工作，到产品的生产，再到与客户的交流，无一不是如此。正是这样的风气，才让格力从一个名不见经传的小厂，发展到福布斯全球 2000 强，并一步步跻身世界 500 强之列。

目前，董明珠对格力仍有一股劲儿——"打造品牌，走向世界。因为掌握了这个企业，我必须努力打造这个品牌。"显而易见，她为格力投入的实在太多。

越了解董明珠的经历，很多人越会觉得像她那样奋斗会很辛苦，生活会少很多色彩和乐趣，但她本人不这样认为。工作之余，她也会做所有女人都爱做的事——逛商场。

尤其是早期，工作之余，她总是钻进各大商场里，她说看着那些琳琅满目的衣服心情就会很好。与其他人不同，她从不乱买衣服，只买自己适合、能穿的，绝不把钱浪费在无用之处。

她形容衣服就像一位朋友，在不同的场合衬托你，只有同类者才能成为朋友，同理，也只有和自己身份、学识、气质相配的衣服，才能让你更有气质，如果选错了衣服，你的整体形象都会扣分。

在很多事情上，董明珠都是这个态度——合适的才能相互呼应，更加完美。就像空调，如果只是外观好看，质量不行，就不会提升消费者对空调的好评度。反之，在质量一流的基础上有更加美观的设计，那么显然更能吸引消费者。

因而，在空调等电器上，董明珠一直强调质量，在质量的前提下提升，这也是格力产品一直深受消费者喜欢的根本原因。

产品被市场接纳，没有什么比这更让商家觉得骄傲的了。回想当初，刚开始加入格力时，董明珠没有如今这么自信，她不知该如何跑业务，但天生要强的她不愿意输给别人，便比别人付出更多的努力和耐心，最终，她的坚持得到了回应，她做得越来越好，超过了所有人，甚至可以开始引领别人了。

现在，董明珠的自信来源于那时的积累，来源于实力，而实力来源于坚持和努力，这就是董明珠想告诉年轻人的。

面对自己的成功，她实事求是，既没有夸大言词，当然也没有过谦，谈到所得，她说："有一颗平常的心，做什么都会快乐。繁忙的工作肯定会让我失去一部分普通人应有的生活，但是我已经习惯了现在的工作模式和节奏，我觉得工作是一种享受。"

目前，享受工作的她是格力电器的董事长（2016年10月18日，董明珠卸任珠海格力集团董事长、董事及法人代表职务。），按理说，格力发展至今已经成长为一家优质企业，有自己的发展轨道，已经不需要董明珠太过操劳了，但她仍然放不下这个一手扶植起来的企业，她希望在自己的有生之年能够看到格力更进一步。

怀着这样的想法，她把目光投到了新能源汽车上，并把想法付诸实践，面对人们的质疑，她的回应铿锵有力："格力已经转型成功，目前在智能制造领域投入了大量精力。"

在最初刚提出这个想法的时候,董明珠听到了很多反对的声音,各方面的都有,有人说格力没有这样的技术,也有人说格力品牌的汽车在市场上会受阻,还有人说董明珠实在痴心妄想……

太多的嘈杂之音充斥在她耳畔,可仍未能改变她的想法,她在股东大会上说:"我就是董明珠,董明珠不服输!"她力排众议,令格力的新能源汽车计划顺利起航。虽然2016年11月16日格力发布的公告宣称收购珠海银隆一事终止,但格力与新能源汽车之间的可能性仍未可知。

从出生到工作,从家庭到生活,从过去到未来,董明珠把真实的自己呈现在了《鲁豫有约》中,也让更多人了解了她的内心,了解了那个"走过的路不长草"的董姐的刚强与柔弱。

◎ 三观之"董"见

江苏卫视《非诚勿扰》中女嘉宾马诺在节目中的言辞——"宁愿坐在宝马车里哭,也不愿坐在自行车上笑"一经说出,便引起了轩然大波,外界对此言论褒贬不一,有人说女孩要对自己好一点,有人则说要有正确的恋爱观……

对于这种现象,《鲁豫有约》节目组请来了董明珠和5名格力女员工、5名女大学生一起讨论,开了一场"独立女性主题座谈会"。

像这样的新闻热点,董明珠自然早有耳闻,她不赞同这样的恋爱观。她认为,女性在恋爱过程中也要拥有独立、自主的精神,尤其是在精神上和金钱上。

老话说,"门当户对",很多人一听到就嗤之以鼻,其实这种说法有它的道理。门当户对,指的是恋爱观、价值观和金钱观的对等和匹配,如果两人的三观不符,怎么能交流畅谈,面对事情时有相似的看法和解决方法呢?

董明珠的婚姻,就是门当户对的,她与丈夫的教育背景、文化程度和性格品质都差不多,这样大大减少了"对牛弹琴"的情形。董明珠和丈夫一直很恩爱,有了东东后,感情更好。可惜一场大病夺走了她丈夫的生命,这个家就此散了。

谈起丈夫,董明珠仍然饱含深情,虽然已经过去了30多年,但她从来

第十章 镜头下的董明珠

没有后悔过,如果重新给她一次机会,她大概还是"宁愿在自行车上笑,也不愿坐在宝马车里哭"。她一直深信两个人只要感情好,有对等的自由,再苦的日子也能过出甜蜜幸福的滋味。

谈到儿子的恋爱,董明珠更有话说了。一直被视为掌上明珠的东东到了恋爱的年龄,做母亲的自然对此很重视。幸运的是,东东的女朋友和他有共同的目标,两个人没有依靠董明珠,而是共同奋斗,没过多久就取得了可喜的成绩。

又过了一段时间,东东和女友的感情更和睦了,顺理成章地结为了夫妻。董明珠很认可这个儿媳,觉得她不是拜金女,而是一个有想法、有能力的女性。

对于现今社会上的拜金女,董明珠很是不屑,"没有经历过风雨的花朵,在暴雨中必然夭折。"作为女性,必须要有养活自己的本事,而不能只是依靠他人生活。

董明珠也谈到了另一面,拜金女的产生也不是说她们没有努力,但是当有机会快速获得金钱时,人的贪欲就会作祟,继而会产生懈怠,这是人之常情,所以要从根本上摆正自己的价值观和金钱观,有所为,有所不为。

在访谈中,陈鲁豫问:"对女性来讲,你认为身家和美貌哪一个更重要?"

董明珠笑了笑说:"现在好多人都在问这个问题,好像两者有什么可比性,其实不然。"她说,美貌是一个人出生就定下来的,我们无从选择,只能感谢父母,无论貌美还是有缺陷,都不应有任何怨恨。

再者,身家从何而来?依靠父母、依靠男友的并不是身家,那是别人的身家,而非自己的。身家两个字虽然容易写,但是"我写了 30 多年才写成这两个字",这背后需要付出的努力超出人们的想象。

现在社会上很多女性依靠自己的美貌获取了所谓的成功,这是对成功二字的玷污,也是女性对自己的不自信。

在场的几个人陷入热烈的讨论之中,随后又谈起现在的就业状况。谈及就业,在场的人中没有人比董明珠更有经验。

董明珠说,中国是劳动力资源最丰富的国家,但就业形势却一年不如一年。很多应聘者的能力与企业所需的人才不相符,素质与企业不匹配,这样的矛盾在人才市场十分突出,也造成了供求双方的失落。

用人单位因招不到人而失落,求职者因找不到工作而失落。董明珠说,出现这样的问题,很大一部分原因是学生报考专业时跟风严重,加之学校教育的不彻底,这些使得这样的问题越来越严重。

格力在招聘时,董明珠总是强调:"格力电器只有一条路,往前走,这种压力成为我们的动力,坚持自主创新走核心技术的道路就使我们有了行业里的核心地位,可以推动和引导我们在行业里面继续发展,也才更有生命力。"

精神如此,在招聘的过程中也是如此。董明珠说格力有个"五不"原则:一、不要人际关系;二、不贷银行一分钱;三、不借助咨询公司;四、高于售后服务的售前售中服务;五、不打价格战。

在工作中,这几条原则并不是口号似的存在,而是真正融入董明珠的工作中。其实,这几条原则都是她几十年来的经验。

她常说:"女人并不比男人弱。"每当有人想反驳时,她就用自己的经历说话——36岁才重新开始,20多年的时间完成了别人一生都无法做成的事情,充分证明了女人做事业并不会比男人差,只要你肯付出,肯努力。

就算现在事业有成,董明珠也没有放弃投资自己。除了工作,她经常参加各种活动,她很珍惜各种学习的机会。她说:"只有通过这样的机会,才能够更多地接触新鲜事物,才能够发现商机。"

如今,已过花甲之年的董明珠还在寻求商机,年轻人还有什么可抱怨的呢?

《鲁豫有约》中参与讨论的有 5 名女大学生,她们对未来很迷茫,面对社会的压力她们感到无所适从。董明珠给她们支了个妙招：先试试找到自己适合的，再做决定。但最终，都是要不断提升自己的综合实力，毕竟"有了本事就不怕没人要"。

对这一点，陈鲁豫也表示赞同："每个阶段都不要放弃自己，过好自己的每一天，热爱生活，建议女性要有自己的事业，让自己经济独立，生活有尊严。"

只有投资自己，才能得到终生的回报。

董明珠对这种生活态度深表赞同，她提到厂里的职工，"他们除了自身职业的晋升，也需要时刻提高自己的综合素质。"格力员工也说，他们的职业晋升制度，不只看个人的业务能力，还要考核一个人的综合水平，既提高了能力，又提高了素质。

十几个人愉快地结束了这期《鲁豫有约》，陈鲁豫称这期节目是最有指导性的一期，因为里面既有来自企业家的声音，也有来自职员的声音，同样也有来自求职者的声音。

她们不仅发出了自己的声音，还聆听了其他人的声音。陈鲁豫由衷地表示，这是一期成功的节目。在节目后，董明珠也表示当天的话题是自己很少谈起的，因为作为企业负责人，谈起求职者和金钱观的问题总会被人说成是"饱汉不知饿汉饥"，仿佛自己不具有发言权。

但是，当天她表示，很高兴有机会表达自己的内心，也希望以后能有更多的机会发声。她说完这些，又踏上了征程，因为她还要去见一个生意伙伴，其动作之迅速还是当初雷厉风行的模样，仿佛又回到了刚到珠海的日子……

◎ 时更世易，董明珠的选择

2016年11月11日，网上流传董明珠已辞去格力集团的职务的消息。随后格力集团承认珠海市国资委在10月18日对格力集团董事会发出了通知："免去董明珠同志珠海格力集团有限公司董事长、董事、法定代表人职务。"

对于这次任免，业界一致认为与国有企业的相关规定有关，规定与国企改革、国有企业领导人员不得兼职过多有关。格力表示，董明珠的卸任并非另有缘由，而是形势所需、名正言顺。她本人也表示这次的卸任属于正常调整，国资委也将会继续支持她的工作。

但外界的猜测之声一直未断。有人分析董明珠的卸任与2015年营业额大幅下滑有关。但也有业内人士分析，这次格力集团的人事变革可能是2018年格力电器的董事会换届的一次布局，这次的换届很可能成为一次"去董明珠化"的过程。众所周知，董明珠于格力有太深的影响和印记，她个人的名字甚至成为格力的象征，太过鲜明的个人形象不利于企业长远的发展，乔布斯就是个很好的例子，虽然他个人形象突出，但失去他的苹果公司也随之少了很大的吸引力。

可以说格力正处于一个关键的转型期，这个转型期的关键就在于"去董明珠化"。

第十章　镜头下的董明珠

从开始到结束,董明珠在格力集团董事长的职务上已经五年,五年间格力从一个产品单一的企业涉足多个领域,其中不乏成功之处,这功该归于董明珠。同时虽然董明珠离开格力集团,但仍担任格力电器的董事长兼总裁,继续为格力电器的发展和未来指航引路。

但董明珠的离开对格力集团并非毫无影响,最直观的影响就是"后继无人"。目前,格力集团仍然未选出合适的接班人,于此是笔不小的损失。格力一直以强硬的态度和过硬的产品生存于业界,一个同样强硬有态度的领导人才能掌控这家企业。

另外,董明珠之前大力推展的项目:扩大生产线、汽车项目、千亿格力计划等的未来走向堪忧。之后格力电器的各项政策也会受到影响。资深经济观察家梁振鹏也说:"不管是格力电器前任董事长朱江洪,还是董明珠,此前都是兼任格力集团董事长,这样最大的好处是,格力电器在做任何决策时大股东格力集团都是支持的,现在格力集团董事长变更,意味着格力集团加强了格力电器控制权,当格力电器再做决策时,格力集团可能会提反对意见。"这可能变成阻碍董明珠前行的力量。

虽然格力的今时今日不是董明珠一人所造就的,但格力能发展至今天她功不可没,而格力上下也充斥着董明珠的影子。格力的"董明珠化"是时代所需,而这次的"去董明珠化"也是时代所需。很多人把这次即将到来的改变称为格力的"拐点"。

当然对于董明珠的离开也有更为积极的说法,也有人认为她的离开是为了参与格力电器的员工持股计划,因身份冲突才辞职的。就在大家对董明珠卸任集团总裁消息议论纷纷之时,董明珠现身录制某档节目,现场欢声笑语,并无半分伤感,看来此种猜测也并非空穴来风。

值得一提的是董明珠选择辞职的日子是 10 月 18 日,正是在 10 月 28 日资产收购预案交由股东大会审议之前,这次会议的主要目的就是探讨收购珠海银隆一事,计划以 130 亿元收购珠海银隆是格力的一次突破性尝试。

也许是预感到这次会议上投票的不顺利,董明珠先行采取措施为了投票和投资一事选择辞职,进而争取更大的格力电器的"话语权"。这次投票,格力集团这位大股东表示支持,但其余小股东中有过半投了反对票,虽然最终的结果仍是以整体的66.96%的支持率涉险通过,但其中各位的态度让人议论纷纷。之后的配套募资议案,格力集团回避表决,而中小股东依然投了反对票,宣告了募资议案的失败。

这与之前董明珠上任格力集团董事长的投票结果反差巨大,2012年正是因为小股东的全力支持,董明珠才得以上任,格力也开始全速进入董明珠时代。

对于珠海银隆130亿的100%豪购,中小股东怨声已久。如果方案通过,则意味着要拿出定增的97亿元募集配套资金,将很大程度上降低中小股东的持股比例。董明珠个人将出资超过9亿元,格力员工将出资超过23亿,这样的数额分配,使得格力员工的持股比例有所上升,削弱中小股东的权利和股份,这也许是他们投反对票的最主要原因。

10月30日晚,格力电器公布2016年第一次临时股东大会的结果,现场股东78人,代表股份20.26亿股,占上市公司总股份的33.6804%。通过网络投票的股东有5063人,代表股份12.32亿股,占上市公司总股份的20.4887%。此次会议共有26项投票议案,其中《关于<珠海格力电器股份有限公司发行股份购买资产并募集配套资金暨关联交易报告书(草案)修订稿>及其摘要的议案》等15条议案未获通过。这次预计收购的价格是每股15.57元,这样的低廉价格也是许多中小股东不能接受的。

对此董明珠在一段时间后表示:"很多人并不理解,认为自己股权被摊薄,他们只站在一个角度看问题。我们就认为珠海银隆是个未被发现的金子,从技术角度分析,珠海银隆的技术在中国是唯一的,这次收购对格力来说是如虎添翼。格力电器在空调市场已经占有40%份额,增长空间也不大了。是神仙也难做,必须要扩张。从利润6%到13%,对投资者来说已经非常好了,你投资就投那点钱,真正创造利益的是这个经营班子、这个队伍。"

她还对炒股发表意见:"我不认为股票能炒多高,我不是为投机者服务的,我是为投资者服务的。投资格力应该是看这个企业能否发展100年。当今也有很多基金,你们可以去把其他股票炒高炒低,但是格力不会做这个事情,我们的股市对社会的稳定是很重要的。你知道有一天股票高了你抛掉有人接盘的时候,这部分人怎么想?所以我们尽量营造环境让大家长期投资。"

10月31日,格力电器微信公众号发表文章,里面提到:"最终经过现场股东投票与网络投票,均以超过2/3以上赞成票通过了格力发行股份收购珠海银隆的议案,这意味着格力收购银隆跨界新能源领域获得股东大会的大力支持。格力三季度各项业绩指标均表现优异,对于投资者而言这无疑是成功收购银隆之外的又一个利好。"

这样的言论并没有持续太久,不到一个月的时间,珠海银隆收购案经历了"格力股东的不支持、改革方案、珠海银隆的拒绝"几个过程,宣告彻底失败。

珠海银隆收购一案已经结束了,董明珠没有完成她的收购计划,她的"汽车梦"暂时搁浅。时更世易,董明珠今后会面临更多的选择,更多的挑战,这是时代的选择,也是格力的选择。

◎ "十亿赌约"胜负分晓

2013年"中国经济年度人物"的颁奖典礼上,董明珠和雷军两人豪赌十亿,赌五年之后小米和格力的营业额孰高孰低,这场豪赌的背后不仅是两家企业的暗中较量,更是行业内的一次"大清洗",以传统行业为代表的格力和以新互联网企业为代表的小米之间的一次碰撞。当行业领航者做出改变、发出挑战之后,中小企业的生存和发展也面临着新的抉择。可以说这次豪赌引发了一次蝴蝶效应,让众多从业者重新审视自己和整个行业。

两人下赌还有一个原因,当时流行轻资产,依托互联网建立的商业模式蓬勃发展,人们对于实业的热情不再,对此董明珠也作出了应对之策,格力开启并拓展了线上销售模式,而且扩大了线上的服务范围,但在她心中互联网发展必须要有实体经济的支撑,她并非认为互联网经济模式不好,而是认为两种模式缺一不可,也只有当实体经济足够强大时才能够让互联网经济"实现真正的完美"。董明珠敢于与当时发展迅速的小米打赌,代表着她对制造业经济的信心,制造业是社会经济极为重要的一环,关系着民生,是任何国家都不会放弃的经济支柱,董明珠常提到"制造业的崛起才能真正改变世界",因此董明珠才敢赌下十个亿。另外支撑董明珠敢赌的一点是增长态势良好的格力,她有信心能赢得这场赌局。而雷军敢于下赌是互联网经济的超预期发展给了他极大的信心。

第十章 镜头下的董明珠

两人的赌约有许多意外,在赌约刚刚立下之后两人不约而同地对此事闭口不谈,但两家企业的竞争与发展从未停歇。然而双方在媒体面前的三缄其口并没有浇灭公众的好奇心,双方也开始接受大众的关注,甚至主动提及了这次豪赌。董明珠表示她有信心赢得这场赌局,几年的时间内,格力的创新能力大幅度提升,开发生产了一批科技含量高的产品。而小米也是一样,相继推出了许多智能家电的系列产品。双方虽然没有明确表示,但竞争一直没有停歇。

期限渐近,胜局已定。2018年前三个季度的财务报表显示,格力的营业额为1500亿,小米的营业额为1305亿,两者相差195亿元。到2018年12月3日,在打赌的五年期间,格力的总营业额为6225.44亿,小米的总营业额为4564.64亿,两者相差1660.8亿元,距离2018年年末仅有二十多天,小米想要超越格力几乎已是不可能的,胜局已定,董明珠终成为这场赌局的赢家,但从这场赌局得到好处的并非只有董明珠与格力。

董明珠与雷军的赌局起于一场玩笑,正常情况下小米可能不会兑现十亿赌资,但董明珠和格力,甚至小米,已经获得了足够多的曝光机会,这是这场赌局的附加价值。五年间,两家企业因为这场赌局被不断提起,这种不花一分钱的宣传报道不是每家企业都能有幸获得的,两家企业也因此获得了更多关注,但也遭遇过挫折。

2015年和2016年,小米遭遇了其他手机品牌的重创,小米的市场遭遇前所未有的"至暗时刻",当时小米的供应链也出了问题。而格力也遭遇了2015年家电行业的"去库存大战",2015年格力的营业额大幅度下降。他们在各自的领域内经历行业的洗牌,各自挣扎,没有被淘汰反而找到了自己的出路。2013年,格力收入1186.28亿,小米收入316亿;2014年,格力收入1377.5亿,小米收入743亿;2015年,格力收入977.45亿,小米收入668亿;2016年,格力收入1083.08亿,小米收入684亿;2017年,格力收入1482.86亿,小米收入1146亿元。虽然整体上小米的营业额比不上格力,但这家成立仅十几年的企业能与成立三十多年的格力相抗衡,也着实令人佩服。

虽然输了赌局,但雷军和小米并未损失分毫,反而收获颇丰。五年之间,小米和雷军获得的关注有相当一部分转化为收益,品牌效应的加持更是无法预计的一笔企业财富,外部影响力给两家企业许多光环,而内部形成的力量则给两家企业带来了诸多生机。董明珠与雷军的打赌也激励员工开拓新的市场和业务,形成一种良性的竞争关系,营造积极的企业氛围。这场赌局的起因也许只是一个玩笑,但赌局所引起的蝴蝶效应则不是玩笑二字可以承担的,对于结果他们不追求,对于过程他们万分努力,这是两家企业五年来共同完成的。

赌局过后,董明珠和雷军也该引领格力和小米走向新的阶段。

手机的业务被不断压缩,小米的困境明显,好在此时小米发现了新的商机——IoT。对于雷军来说,下个阶段就是"AI+IoT",他表示这将是小米未来十年内的战略核心。小米"AI+IoT"指的是小米独有的智能硬件生态链,小米与百度合作,一个提供智能硬件设备,一个提供AI,形成独立完整的闭环,小米在其中承担着物联网和供应商的职责。AI+IoT的业务也极大缓解了小米在手机业务上的压力。据估计到2022年,全球物联网硬件的需求将达到153亿台,巨大的市场潜力正等待着优质的竞争者。

董明珠和格力的前景则没有这么乐观,格力近期的智能装备系列并不是短期的盈利项目,对于整个企业来说还有可能是一种负担,而格力主要的赢利点仍然是空调业务,较为单一的商业模式在面临行业变动时面对的挑战也更大。

面对如此形势,董明珠和格力努力做出改变,从近几年的投资来看格力已经开始了多元化的进程,虽然仍有许多质疑的声音,但他们没有放缓脚步。如今格力加入芯片产业,这是需要长期投入、未来前景无法预估的产业,这更令格力的未来面临诸多挑战。但格力的许多路并非仅仅是为了商业利益,许多举措无关成败,而是出于社会责任,这样的企业愿景值得敬佩。

可以说格力和小米因为这场赌局结缘,五年之期后的今日,两家企业都有了新的发展方向,曾经的相遇让他们各自成长,一步步成为各自行业的中坚力量。